AMO NOVA YORK

COAUTORA
ALEX VALLIS

FOTOGRAFIAS
PIERRE MONETTA

DIREÇÃO ARTISTICA
PIERRE TACHON

« Para minha esposa Gwénaëlle, com quem partilhei
muitas descobertas de Nova York, a cidade
onde nos conhecemos. Para Arzhel e Daé, cuja
curiosidade irá sem dúvida ser alimentada ao
explorarem a Big Apple juntos »

Alain Ducasse

Este não é um livro de receitas, mas um diário gastronômico. É uma narrativa visual da energia e da cultura que definem Nova York. É uma cidade que mistura, conserta e testa, e na grande noite de inauguração de meu restaurante nos EUA, descobri que tinha muito a aprender sobre a Big Apple!

Minha primeira viagem a Nova York, como um jovem *chef*, foi em 1976. Todos esses anos... Não posso dizer muito sobre essa cidade - a diversidade de pessoas, o contraste entre a modernidade e a história e suas incontáveis alternativas. O espírito resiliente de Nova York continua a me inspirar.

Vaguei pelos cinco burgos em busca de maravilhosas aventuras gastronômicas - uma excitação proustiana na loja de refrescos do Brooklyn, o gosto da extraordinária arte nas batatas fritas e no menu de molhos, um apetite pelo churrasco fora de série. Encontros com um afetuoso garçom que iniciou a conversa escrevendo meu menu na toalha de papel da mesa, um purista do cachorro quente, debruçado sobre um espresso bar, ao mesmo tempo que obtinha a visão da cidade exclusiva das "pessoas locais"...

Todos estes momentos em Nova York, suas vistas, sons, suas emoções, proporcionando tanto otimismo e continuam a alimentar a imaginação e a cultura da cidade. Eu nunca me senti tão vivo com uma sensação de descoberta como me sinto aqui, nunca com a certeza de conhecer o gosto de algo. Esta é uma cidade que me ensina sobre comida, sobre pessoas, sobre mim mesmo. E eu experimento a cidade todas as vezes que volto, como se fosse a primeira vez.

Trinta anos depois, o teste do tempo e o resultado é a minha Nova York em um prato. Mas, é apenas uma foto. Outros lugares já estão sendo abertos, em obras, e é isso que me faz continuar a voltar.

JE T'AIME, NEW YORK!

DAN BARBER

O chefe de cozinha Alain Ducasse encostou seu jipe vermelho, conversível, num local de estacionamento proibido em frente à longa escadaria do Hotel de Paris, apenas a alguns passos do famoso Cassino Monte Carlo, onde está localizado seu restaurante Louis XV. Resplandecente, com seu avental de cozinheiro impecavelmente branco e óculos escuros, desceu do jipe e subiu a escadaria, dois degraus de cada vez.

Eu tinha 24 anos, vestido com meu *blazer* de apenas um botão e gravata, e estava a pé, praticamente congelado na parte inferior dessas escadas. Já era o meio da tarde e o sol da Riviera brilhava na praça central de Monte Carlo. Juro que lembro os detalhes do que aconteceu, com um filme que fica na memória, não apenas porque eu tinha saído daquela que eu considero como a definição de refeição da minha vida, mas porque para um jovem e infeliz cozinheiro dos Estados Unidos, Ducasse parecia uma estrela de cinema. E, de várias formas, ele realmente era uma estrela de cinema.

Estávamos no começo da década de 1990, antes de aparecer a agitação do Food Channel e das histórias de chefes de cozinha, antes do Facebook, do Twitter e do YouTube. Nesses dias, todos os grandes cozinheiros (não apenas os poucos como Ducasse, que tinha acabado de receber sua cobiçada terceira estrela Michelin) eram completamente inacessíveis: por isso, eles pareciam constelações distantes — deslumbrantes, misteriosas, desconhecidas. Eles eram julgados não pelo que diziam ou pensavam, mas pelo que cozinhavam. A cozinha deles expressava o que eles eram e isso dizia tudo o que era necessário saber a respeito deles.

Normalmente, eu teria ficado embasbacado. Cozinheiros como eu nunca falavam diretamente com os grandes chefes de cozinha, a menos que eles dirigissem primeiro a palavra a nós — o que nunca acontecia. Mas alguma coisa veio de dentro de mim, por instinto, ajudada por uma saudável dose de vinho tomado durante o almoço, e eu corri escadas acima antes que o grande chefe de cozinha pudesse escapar.

Durante o último ano, eu tinha me matado de trabalhar como cozinheiro num restaurantezinho em Paris, vendo muito pouco da cidade e quase nada da França. Grande parte do que me motivava nessa semiescravidão era saber que quando meu trabalho terminasse, iria em peregrinação pelo sul, para ver o Louis XV, para experimentar o que os franceses comentavam e que em breve ia estar nas bocas de todo o mundo. Tinha economizado mil francos franceses — suficiente para o TGV, um albergue da juventude e para essa refeição.

Jantei sozinho, numa mesa de canto, e ainda me lembro do sabor da sopa de ervilhas. Era uma ode à ervilha especial da região, com uma impossível doçura, triplamente descascada e transformada num purê. Nunca tinha provado nada como ela e duvido que algum dia venha a sentir novamente o mesmo sabor. O cesto de pão tinha quinze variedades diferentes, cada uma mais distinta e deliciosa do que as outras, incluindo um pão de borragem — um rolinho verde pastoso e macio, com um leve aroma de pepino. O *frais de bois*, com sorvete de queijo mascarpone e molho quente de morangos foi uma revelação, por ser uma sobremesa com tanta simplicidade e sinceridade que eu quase chorei ao provar a primeira colher. Ducasse tinha descrito cuidadosamente sua forma de cozinhar como "mediterrânea rústica - para mim, a melhor cozinha é a 'cozinha feminina', a velha cozinha caseira, de onde vem tudo o que é bom". E era esse o sabor que eu sentia — o gostinho caseiro.

Sei o que você está pensando. A comida era absolutamente deliciosa por causa do contexto. Após batalhar um ano na tirania dos confins de uma cozinha francesa, como é que poderia um jantar que parecia ter sido transportado diretamente do próprio Palácio de Versalhes ser outra coisa senão extraordinário? Isso pode ser verdade. Mas a maior verdade é que a refeição era ao mesmo tempo luxuriante — dourados, brilhos, estátuas e arranjos florais da altura de árvores — e ao mesmo tempo humilde, com ervilhas, pão, frutas e queijo. Essa justaposição demonstrava uma coisa essencial: que para ter a experiência da grande cozinha, para mergulhar no sabor da história e do local, a pompa e circunstância não eram necessários.

Alcancei Ducasse no alto das escadarias, a um passo de entrar no seu restaurante. Sua primeira reação foi dar um passo para trás, pois minha brusquidão parecia uma trombada entre carros. Mas depois de um momento, ele olhou calmamente, quase com desconfiança. "*Chef* Ducasse", eu disse, estendendo minha mão para cumprimentá-lo e me apresentando. "Eu acabei de comer a melhor refeição de minha vida".

Fiquei por um momento ali parado, com a cabeça dando voltas, e depois saí correndo para mudar minha reserva no TGV, pagar outra noite no albergue da juventude e em seguida fui ao cassino (onde, infelizmente, minha sorte mudou — perdi 150 francos na mesa de blackjack em apenas 15 minutos).

No almoço do dia seguinte, o garçom perguntou se eu queria ver o menu. Respondi que comeria o que o chefe da cozinha recomendasse. Ele olhou confuso, fez que sim com a cabeça e desapareceu. Tive então a segunda melhor refeição de minha vida — incluindo um prato de macarrão com tomate e manjericão, um ensopado de legumes da horta com azeite de oliveira da Ligúria, ambos tão típicos da Riviera — que me senti como se estivesse meio grogue apenas por estar ali. Era como se estivesse comendo o sul da França numa refeição.

E então, quatro horas depois, chegou a conta. No total, 400 francos e eu quase desmaiei. "Mas monsieur," eu disse para o garçom, "o chefe Ducasse me convidou."

"O *chefe* Ducasse?" disse ele, repetindo lentamente minhas palavras e erguendo as sobrancelhas. "Convidou? Você?" Depois de esperar um ano, talvez toda a minha vida adulta, para ser finalmente tratado como alguém importante, eu me sentia um impostor. Ele desapareceu e veio o gerente. Expliquei a respeito do encontro no alto da escadaria, sobre o convite inesperado e minha mudança de planos. Seu olhar era igualmente cético — talvez um pouco mais delicado — e alguns minutos depois trouxe uma nova conta, com um valor de 50% da original.

"Ah, sim? Onde?" perguntou ele, piscando os olhos. E depois disse: "Você está a caminho do cassino, não é?" Quando contei que tinha vindo a Monte Carlo apenas para essa refeição e que voltaria na manhã seguinte a Paris, ele falou: "Mude de planos. Vá ao cassino. Venha almoçar amanhã no meu restaurante". Eu tinha 24 anos de idade, e Alain Ducasse queria que eu voltasse no dia seguinte como seu convidado.

"Bien Sur, chef," respondi, curvando a cabeça. Ele me deu um aperto de mão e desejou boa sorte na mesa de blackjack.

Mesmo assim, eu não tinha esse dinheiro. Sem remédio, usei o cartão American Express que meu pai tinha dado — apenas para emergências. Imaginei que, como amante da boa comida, ele entenderia.

Passadas duas décadas, ao ler este maravilhoso livro a respeito de Nova York, fui levado de volta àquelas duas refeições em Monte Carlo, lembrando (como aconteceu várias vezes desde essa época) da capacidade única de Ducasse de captar e expressar a verdadeira essência de um local.

No espírito de Alex de Toqueville, um francês que descreveu a América nos anos 1800 melhor do que qualquer americano, Ducasse não apenas apresenta um passeio gastronômico por Nova York que — posso apostar — a maioria dos habitantes da cidade não conhece (eu sou um deles), como também, de alguma forma, nos faz sentir, em cada página, que estamos perante a melhor versão desta metrópole, sentindo o aroma de baklava acabada de sair do forno numa panificadora de Queens, provando um perfeito e estimulante espresso num café de East Village e percorrendo a avenida para comer o melhor arepas da história.

O que você tem em mãos é um belo livro, mas também uma obra generosa. Em sua mistura de simplicidade e imaginação, consegue ser ao mesmo tempo extraordinário e reconfortante — o que não é uma des-

crição muito má da forma de Ducasse cozinhar. Ao ler este livro, poderá sentir que esteve lá, na verdadeira Nova York. E, no final, isso realmente vai ter acontecido.

SUMÁRIO

Amo Nova York	018
Urbana e Pastoril	168
Capital do Mundo	352
Vida Doce	524

NOVA YORK NY

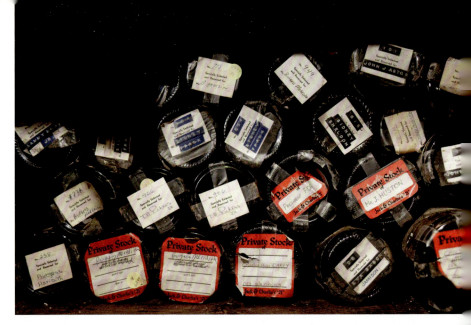

'21' CLUB

Um antigo bar clandestino dos tempos da Lei Seca, o 21 tornou-se um local de encontro para nova-iorquinos poderosos, e oferece uma janela para a história industrial da cidade tanto quanto o Rockefeller Center ou a Times Square. O ambiente permanece masculino. Os homens usam paletó, e você pode almoçar hambúrgueres e saladas Cobb no salão do bar, onde por décadas brinquedos balançaram como móbiles e deliciaram os empresários visitantes. O aviador e magnata Howard Hughes deu início à tradição em 1931, quando viu um modelo de avião da British Airways pendurado no teto que o restaurante pendurasse a miniatura de um de sua companhia aérea, a TWA. Condizentes com a origem ilícita desse local, as atividades mais interessantes ainda acontecem no subsolo. O depósito de bebidas original é agora um espaço de jantar privado e uma cave de vinhos, com coleções que caíram no gosto de Gerald Ford e Elizabeth Taylor.

NOVA YORK, NY

N° 25

AMO NY

13 Barrow ST
NY, NY 10014

annisa

→ Annisa

ANNISA

O nome é a tradução de «mulheres» em árabe, e há uma qualidade intelectual feminina na atmosfera zen do Annisa. Depois de obter um diploma de francês pela Columbia University, a *chef* e proprietária Anita Lo mudou-se para Paris e graduou-se na famosa escola de gastronomia École Ritz-Escoffier. Ela inclina-se à sua educação sino-americana, e a subsequentes viagens, em pratos como os bolinhos de sopa de *foie gras* com gengibre e anis-estrelado, e zibelina com tofu crocante e caldo de bonito. Vinhos de mulheres vinicultoras como Anne-Claude Leflaive, da Borgonha, e a californiana Helen Turley, harmonizam-se perfeitamente com a comida.

NOVA YORK, NY
N° 27
AMO NY

13 Barrow ST
NY, NY 10014

→ Annisa

BAGEL HOLE

Os ótimos *bagels* à moda antiga possuem um belo brilho, já que a massa é fervida antes de ser assada. Esses exemplares ainda são feitos com malte nessa minúscula *delicatessen* aberta em 1985. Caracterizados por seu tamanho diminuto, parte externa mais firme e interior macio, os grandes *bagels* não precisam ser tostados. De qualquer maneira, essa é a opinião aqui, onde isso é proibido por lei. Fora isso, você pode pegar levas quentinhas recém-saídas do forno, e é bem-vindo para desfrutar um *schmear* de cream cheese.

NOVA YORK, NY
N° 29
AMO NY

400 Seventh AV
Brooklyn, NY 11215

↑ Bagel Hole

NOVA YORK, NY
N° 31
AMO NY

97 Sullivan ST
NY, NY 10012

→ Blue Ribbon

NOVA YORK, NY
N° 33
AMO NY

97 Sullivan ST
NY, NY 10012

BLUE RIBBON

Só porque você pode conseguir comida a qualquer hora da noite em Nova York isso não quer dizer que ela seja deliciosa. Depois de um noitada, quando não haverá mais nada sendo servido, exceto comida crua e um miolo de contrafilé, conte com o Blue Ribbon até as 4 da manhã. Desde o começo, os irmãos Eric e Bruce Bromberg cultivaram a tradição da indústria do altas horas e, assim, construíram um império de restaurantes voltados para o setor. O original ainda satisfaz desejos ecléticos da madrugada, que podem ir da revigorante sopa Kneidl a uma "senhora" costela de carneiro.

→ Blue Ribbon

NOVA YORK, NY

N° 35

AMO NY

163 Duane ST
NY, NY 10013

→ Bouley

BOULEY

Um ícone local influenciado por pessoas como Roger Vergé, David Bouley ensinou alguns dos *chefs* mais respeitados de Nova York no restaurante de alta gastronomia franco-americana. Dan Barber, Anita Lo, César Ramirez e Shea Gallante passaram pela cozinha de Bouley. Tendo comandado restaurantes no centro por mais de 20 anos, Bouley prefere um nível de opulência à moda antiga. Maçãs frescas perfumam a entrada, que leva a uma área de jantar onde tetos dourados em abóbada, cortinas bufantes e revolvidas e o veludo lembram mais o interior europeu que o Tribeca industrial. Os menus de degustação justapõem de maneira similar o moderno (um rico flã de cogumelo porcino com *dashi* de trufas negras) e o clássico (frango cozido em um caldeirão sobre forragem).

NOVA YORK, NY
N° 37
AMO NY

163 Duane ST
NY, NY 10013

→ Bouley

Burger Joint

Sun - Thurs.
11 am - 11:30 pm

Fri. and Sat.
11 am - midnight

NOVA YORK, NY
N° 39
AMO NY

119 West 56th ST
NY, NY 10019

→ Burger Joint

BURGER JOINT

Há uma lanchonete retrô atrás das pesadas cortinas do hotel Le Parker Meridien, mas, graças a uma fila no saguão, não é muito difícil encontrá-la. Escancaradamente assumido, o menu lembra o quadro dos anos 1970 do *Saturday Night Live*, no qual John Belushi empurra itens limitados aos clientes: "Cheeseburger! Cheeseburger! Cheeseburger!" Aqui, você pode acrescentar batatas fritas. Placas escritas à mão, acima do balcão, veiculam instruções sobre como personalizar um hambúrguer em três etapas, além de avisos de que se aceita apenas dinheiro. Tamanha eficiência faz parte do charme.

NOVA YORK, NY
N° 41
AMO NY

119 West 56th ST
NY, NY 10019

↑ Burger Joint

CHEF'S TABLE AT BROOKLYN FARE

Expandindo a ideia de uma mesa do *chef* exclusiva, César Ramirez comanda uma cozinha de metal aberta, que acomoda 18 pessoas e se tornou um dos lugares mais procurados do Brooklyn. A austeridade da atmosfera única atrai todas as atenções para a comida meticulosa e engenhosa de Ramirez. Com a ajuda de alguns sub*chefs*, ele monta até 20 porções franco-japonesas por refeição. Seu menu muda todas as noites, mas geralmente destaca os frutos do mar puros, tanto crus como cozidos.

NOVA YORK, NY
N° 43
AMO NY

200 Schermerhorn ST
Brooklyn, NY 11201

→ Chef's Table at Brooklyn Fare

NOVA YORK, NY
N° 45
AMO NY

239 West Broadway
NY, NY 10013

CORTON

O *restaurateur* Drew Nieporent e o *chef* Paul Liebrandt transformaram uma sociedade simbólica em uma expressão contemporânea da alta gastronomia. Esse restaurante serviu de final feliz para um documentário da HBO chamado *A Matter of Taste*, que acompanhou a busca de Liebrandt por um projeto que desse suporte a seus caprichos na culinária de vanguarda. Nieporent fornece ao *chef* artístico uma "tela" em branco para experimentações. O menu muda com frequência, e o brilhantismo sempre surge de maneiras surpreendentes, como em uma salada chamada From the Garden, na qual aproximadamente 20 vegetais diferentes parecem brotar do prato.

↑ Corton

NOVA YORK, NY
N° 47
AMO NY

60 East 65th ST
NY, NY 10065

→ Daniel

NOVA YORK, NY
N° 49
AMO NY

60 East 65th ST
NY, NY 10065

← Daniel

DANIEL

«Eu sou primeiro e, antes de tudo, nascido da tradição da cozinha, e acho que me inspiro nessa tradição», comenta Daniel Boulud. No pináculo do império centrado em Nova York, Boulud equilibra inovação e história. Aqui, ele serve ostras em gelatina de água salgada gelada e pato prensado em um estilo que remonta ao século XIX no La Tour d'Argent. Você terá que pedir a ave com antecedência, pois Boulud escolhe o pato perfeito, e o marina por no mínimo uma semana em Vinho do Porto, laranja e condimentos, para criar um verniz doce no momento de assar. O molho é finalizado na mesa lateral, com o sangue extraído por uma prensa tradicional.

NOVA YORK, NY
N° 51
AMO NY

60 East 65th ST
NY, NY 10065

→ Daniel

NOVA YORK, NY
N° 53
AMO   NY

85 Tenth AV
NY, NY 10011

↑ Del Posto

DEL POSTO

Para a alta gastronomia italiana, o trio Mario Batali, Joe Bastianich e sua mãe, Lidia Bastianich, erigiu, em um dos locais mais sombrios de Manhattan, um novo conceito de restaurante italiano. Seu *chef*, Mark Ladner, faz uma abordagem cuidadosa da opulência. Manteiga de trufas negras dão brilho a um único *tortello*, recheado com o forte queijo Puzzone. Uma lasanha mil-folhas vem em seguida, cortada como uma barra de ouro. Enquanto isso, o *chef* confeiteiro, o ex-baterista de *punk rock* Brooks Headley, pula as notas gritantes quando passa à sobremesa. Para evitar o excesso de açúcar, ele destaca a doçura dos vegetais, como no sorvete de aipo com uma mistura agridoce e bolas de queijo de cabra.

NOVA YORK, NY
N° 55
AMO NY

85 Tenth AV
NY, NY 10011

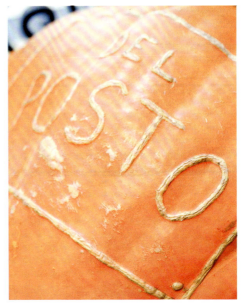

→ Del Posto

NOVA YORK, NY
N° 57
AMO NY

2127 Broadway
NY, NY 10023

↑ Fairway

NOVA YORK, NY — Nº 59 — AMO NY

2127 Broadway NY, NY 10023

FAIRWAY

A variedade caracteriza esse mercado de Nova York. A família Glickberg passou de um carrinho de frutas, na época da Depressão, para uma instituição de 2.230 m² com áreas adicionais. Os produtos de hortifruti ainda se alinham à calçada, a padaria produz pães e bolos do zero, e os dois andares da loja consistem em uma farta exposição de produtos de virar a cabeça de qualquer um, como carnes e queijos. Pegar um carrinho de compras significa colocar-se à prova no único e instável elevador, competindo por um espaço com os profissionais da Farway.

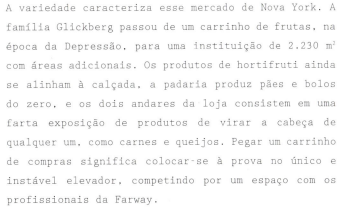

→ Fairway

NOVA YORK, NY

N° 61

AMO NY

99 East 52nd ST
NY, NY 10022

↑ Four Seasons Restaurant (The)

THE FOUR SEASONS RESTAURANT

No Restaurante Four Seasons (não confundir com o hotel, alguns quarteirões ao norte) o proprietário, Julian Niccolini, comanda a hora do almoço do poder na *midtown*. Nesses arredores magníficos, você realmente se sente como se tivesse «chegado lá». A clientela se mantém tão imponente quanto o próprio Grill Room, onde John F. Kennedy um dia celebrou seu 45º aniversário. Na aristocrática Pool Room, árvores em flor emolduram uma pia baixa, de mármore, que em nada obstrui os olhares que cruzam esse espaço monumental. Não é exagero dizer que os renomados arquitetos Mies van der Rohe e Philip Johnson (o homem por trás da Casa de Vidro de Connecticut) projetaram um restaurante onde todos podem observar uns aos outros.

NOVA YORK, NY
N° 63
AMO NY

99 East 52nd ST
NY, NY 10022

↑ Four Seasons Restaurant (The)

NOVA YORK, NY
N° 65
AMO NY

12 East 12th ST
NY, NY 10003

→ Gotham Bar and Grill

GOTHAM BAR AND GRILL

Aberto em 1984, esse majestoso restaurante é onde o *chef* e sócio Alfred Portale introduziu a gastronomia de arranha-céu. Polvo japonês cozido com limão, escalopes, lagosta e ovas de peixe-voador ainda se erguem em arranjos verticais em sua salada de frutos do mar, com o apoio de uma base com abacates. Piscadelas para um estilo passado à parte, Gotham é bastante Nova York com seu espaço digno, emoldurado por fotografias focadas em cenas da cidade. O menu de Portale apela para gerações mais novas com costelas de porco e fruta defumada a frio com *croutons* de pão de centeio.

NOVA YORK, NY
N° 67
AMO NY

12 East 12th ST
NY, NY 10003

↑ Gotham Bar and Grill

NOVA YORK, NY
Nº 69
AMO NY

42 East 20th ST
NY, NY 10010

→ Gramercy Tavern

NOVA YORK, NY — N° 71 — AMO NY

42 East 20th ST
NY, NY 10010

GRAMERCY TAVERN

«O restaurante se desenvolveu atraindo pessoas do mundo todo para vir trabalhar aqui. De certo modo, isso descreve aquilo que o torna distintamente americano. O menu muda de acordo com a chegada de ingredientes da feira e com o fluxo de ideias na cozinha. É o tipo de comida pela qual eu gostaria que as pessoas se sentissem atraídas, mas que também comessem confortavelmente, com frequência. Nossa *chef* confeiteira, Nancy Olson, incorpora uma noção de confeitaria caseira: o *semifreddo* de manteiga de amendoim pega sabores icônicos americanos e os junta de maneira técnica, porém divertida, e sua utilização de frutas, caramelos e sal é realmente incrível. Há algo de singularmente afetuoso em comer na Gramercy Tavern. Essa deve ser uma das mais puras expressões de Danny Meyer.» Michael Anthony

↑ Gramercy Tavern

NOVA YORK, NY
N° 73
AMO NY

1291 Third AV
NY, NY 10021

→ J.G. Melon

TURKEY BURGER	9.50
MOZZARELLA IN CAROZZA	9.00
BREAST OF TURKEY SANDWICH	10.25
GRILLED BREAST OF CHICKEN SANDWICH	10.25
ROAST BEEF SANDWICH	9.95
TURKEY CLUB SANDWICH	11.50
BACON, LETTUCE & TOMATO	9.50
GRILLED CHEESE, TOMATO & BACON	10.25
OMELETTES	10.50
COTTAGE FRIED POTATOES	4.75
SALADS	
WARM SLICED CHICKEN SALAD	13.75
CHEF'S SALAD	13.75
SALAD NICOISE	13.75
CHICKEN SALAD	13.75
SPINACH SALAD, MUSHROOMS, FETA CHEESE	10.25
SMALL SPINACH SALAD, BACON & MUSHROOMS	6.50
TOSSED GREEN SALAD	6.25
ENTREES	
BROILED FISH OF THE DAY, RICE & SALAD	P/A
ROAST ROCK CORNISH HEN, POTATO & SALAD	16.95
CHOPPED STEAK, POTATO & SALAD	17.25
SMALL SIRLOIN STEAK, POTATO & SALAD	26.00
LARGE SIRLOIN STEAK, POTATO & SALAD	28.25
STEAK TARTARE	19.25
DESSERTS	
CHEESE CAKE	7.00
CHOCOLATE CHIP CAKE	7.00
APPLE SOUR CREAM WALNUT PIE	7.00
PECAN PIE	6.50
SEASONAL FRUIT PIE	6.50
KEY LIME PIE	6.50
COFFEE/TEA	2.75

NOVA YORK, NY
Nº 75
AMO NY

1291 Third AV
NY, NY 10021

J.G. MELON

O hambúrguer da casa — uma montanha de carne criteriosamente moldada servida no pão branco — sempre foi a atração do *pub*, mas não tanto quanto você poderia imaginar. O Melon abriu em 1972 com a aparência de um salão irlandês dos velhos tempos, com toques *kitsch* com tema de melancia. A carne e a cerveja pedem batatas; aqui elas são batatas fritas *cottage*, cortadas como moedas deformadas e fáceis de comer como batatas *chips*.

↑ J.G. Melon

NOVA YORK, NY
N° 77
AMO NY

1 Central Park West
NY, NY 10023

↑ Jean Georges

NOVA YORK, NY
N° 79
AMO NY

1 Central Park West
NY, NY 10023

JEAN GEORGES

Enquanto cozinhava comida francesa em Bangcoc, Cingapura e no Japão nos anos 1980, Jean-Georges Vongerichten foi cativado pelos temperos e ingredientes asiáticos. Depois de pousar em Nova York, seguiu em frente para transformar a alta gastronomia com a noção de que um caldo aromático que equilibra o picante e o ácido pode ser tão perfeito quanto um rico molho. O espaço enorme ocupado pelas janelas que dão para o Central Park impressiona, enquanto você prova os sabores peculiares, como um bacalhau embrulhado em capim-limão e limão *kaffir*, ou cogumelos *shitake* temperados com gengibre acompanhado de pães doces refogados em alcaçuz.

↑ Jean Georges

NOVA YORK, NY
N° 81
AMO NY

205 East Houston ST
NY, NY 10002

→ Katz's Delicatessen

KATZ'S DELICATESSEN

Pastrami sobre pão de centeio pode ser tão importante para as tradições culinárias de Nova York quanto uma pizza fina crocante, mas carne vermelha curada à moda antiga não aparece em qualquer esquina. Por sorte, ainda há a Katz. A melhor *delicatessen* de estilo judeu, que também vem a ser a mais antiga, molda à mão *pastrami* e carne enlatada desde 1888. A equipe empilha fatias de pão de centeio com sementes de alcaravia com a carne curada durante um mês. Quase tão famosa quanto os sanduíches gigantes: a mesa imortalizada por Meg Ryan durante uma explosão de falso êxtase no clássico de 1989 *Harry e Sally*.

NOVA YORK, NY
N° 83
AMO NY

205 East Houston ST
NY, NY 10002

→ Katz's Delicatessen

NOVA YORK, NY
N° 85
AMO NY

72 West 36th ST
NY, NY 10018

→ Keens

KEENS

Restaurantes masculinos famosos parecem ter alguma coisa com a prática de pendurar artefatos no teto. No 21 Club são os brinquedos de marcas, e no Keens você notará uma vasta coleção de cachimbos de haste longa. Eles são provenientes de um clube do cachimbo que contou com Babe Ruth e Albert Einstein entre seus membros. Fundado como uma casa de carnes para cavalheiros em 1885, quando Herald Square era um distrito teatral, o Keens tornou-se misto após 20 anos, depois que a atriz Lillie Langtry levou os homens ao tribunal. Carne maturada é sempre adequada, mas a costela de cordeiro crescido — não mais um carneirinho — permanece como o pedido preferido.

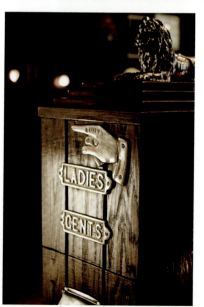

NOVA YORK, NY
N° 87
AMO NY

72 West 36th ST
NY, NY 10018

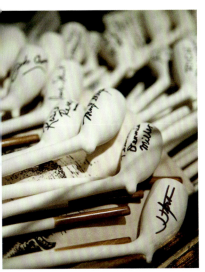

→ Keens

NOVA YORK, NY — N° 89 — AMO NY

2 East 55th ST
NY, NY 10022

KING COLE BAR

Ao lado de frequentadores tão ilustres como Ernest Hemingway, Salvador Dalí e Marilyn Monroe, o St. Regis Hotel vem hospedando o Old King Cole desde 1932. Esse rei, personagem de uma canção de roda, mostra um sorriso afetado por detrás do bar, em um mural de 9 m pintado por Maxfield Parrish em 1906. Hemingway também frequentou o Harry's New York Bar em Paris, onde um dos primeiros garçons de King Cole, Fernand Petiot, começou a trabalhar em um coquetel combinando vodca, suco de tomate, molho Worcestershire, condimentos e limão. O Blood Mary continua como o drinque assinatura do King Cole.

↑ King Cole Bar

NOVA YORK, NY
N° 91
AMO NY

3 East 52nd ST
NY, NY 10022

LA GRENOUILLE

Charles Masson dá continuidade ao legado de seus pais, mantendo a elegância do restaurante francês aberto por eles em 1962. A beleza dessas flores vem de seus olhos para a arte e o design, carreiras que ele considerou antes de assumir os negócios da família. Masson sabe como obter a iluminação na medida exata e como reconciliar os velhos e novos clássicos franceses: coxas de rã à *Provençale*, rabadas refogadas. Esse restaurante representa um modo cada vez mais raro de sair para jantar, e ainda é tão acolhedor como um souflê de chocolate feito por um especialista.

↑ La Grenouille

NOVA YORK, NY
N° 95
AMO NY

155 West 51st ST
NY, NY 10019

LE BERNARDIN

«Se você acredita que cozinhar é uma habilidade artística, você se inspira nas coisas que o cercam. Vivendo em uma cidade como Nova York, você encontra diversas culturas e etnias. Você viaja, vê coisas diferentes e depois traz consigo ingredientes, sabores e ideias», explica o *chef* e mestre em frutos do mar Eric Ripert que, com sua suprema *hostess* Maguy Le Coze, forma uma das mais dinâmicas parcerias de restaurante dos Estados Unidos. Essa é a casa da Maguy, com tudo perfeitamente em seu lugar. Entretanto, o menu muda constantemente, seguindo o mantra de que o peixe é a estrela do prato. «É forte porque você não cozinha com peixe. Você não decide, 'vou fazer aquele molho' e coça a cabeça pensando no que vai colocar junto. Você diz, 'eu tenho atum. O que eu posso fazer para deixá-lo melhor?'», diz Ripert.

↑ Le Bernardin

NOVA YORK, NY
N° 97
AMO NY

151 East 58th ST
NY, NY 10022

→ Le Cirque

NOVA YORK, NY
N° 99
AMO NY

151 East 58th ST
NY, NY 10022

LE CIRQUE

Sirio Maccioni é uma lenda tão grande quanto seu restaurante, que abriu em 1974 e fascinou celebridades, de Henry Kissinger a Jackie Kennedy Onassis — uma das mulheres que almoçava ali. Enquanto o mestre de cerimônias entretinha seus estimados frequentadores, grandes *chefs* como Alain Sailhac, Daniel Boulud, Sylvain Portay e o mago dos chocolates Jacques Torres desenvolveram-se como os conselheiros atuais. Sob uma cúpula de cortinas concebida pelo celebrado designer de interiores Adam Tihany para lembrar uma tenda de circo, alguns clientes jantam *meunière* de filé de linguado e outros experimentam novos pratos preparados pelo *chef* mais recente.

↑ Le Cirque

NOVA YORK, NY
N° 101
AMO NY

377 Greenwich ST
NY, NY 10013

➜ **Locanda Verde**

NOVA YORK, NY
N° 103
AMO NY

377 Greenwich ST
NY, NY 10013

LOCANDA VERDE

Urban Italian é o primeiro livro de receitas do chef Andrew Carmellini com sua esposa e escritora Gwen Hyman, e o título captura a essência deste animado restaurante de copropriedade do ator Robert De Niro. Ele está anexado ao chique Greenwich Hotel de De Niro, que atrai estrelas de cinema e músicos, e Carmellini atualiza pratos familiares com combinações novas e de ingredientes sazonais. Um *crostini* assinado pelo *chef* vem com caranguejo azul e *jalapeño*. Para seu Ragu de domingo à noite, o *chef* importa grandes tubos de massa de Nápoles e faz um molho complexo de costelas de porco, paleta, tomates e sementes de funcho amorenadas. A *chef* confeiteira Karen DeMasco incrementa as já adoradas sobremesas: combina seu pudim de chocolate com *gelato* de café-creme fresco, *fudge* quente e granita de café. Nas manhãs mais calmas, o Locanda é um local descontraído para um *cappuccino* e para os maravilhosos pães de café da manhã de DeMasco.

↑ Locanda Verde

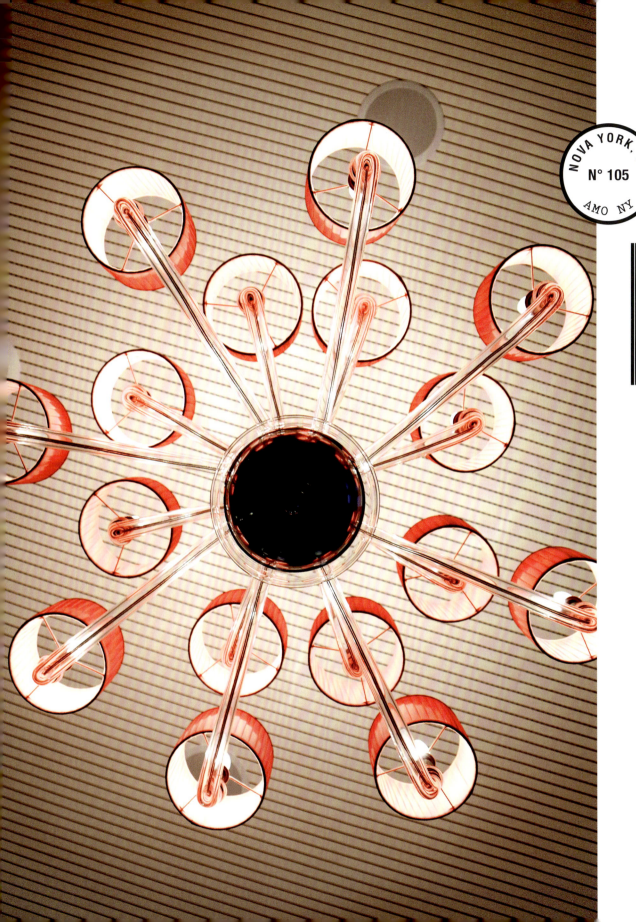

NOVA YORK, NY
N° 105
AMO NY

240 Central Park South
NY, NY 10019

↑ Marea

NOVA YORK, NY
N° 107
AMO NY

240 Central Park South
NY, NY 10019

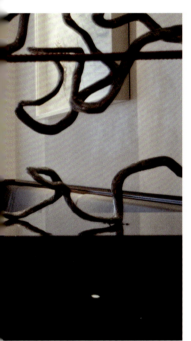

MAREA

Um verdadeiro homem do Meio-Oeste, em tamanho e carisma, Michael White criou seu *alter ego* gastronômico, Chef Bianco, enquanto se formava no Ristorante San Domenico, em Imola, na Itália. Ele tem talento para as massas. Nesse suntuoso local focado em frutos do mar, crus fantásticos, esculturas de conchas e superfícies peroladas, o riquíssimo *primi* de White ainda domina. As diversas formas e fios são todos excepcionais e feitos na casa. White emulsifica tutano de osso para um *fusilli* ao molho com polvo refogado no vinho tinto, e cobre o *tagliatelle* com os crustáceos mais frescos disponíveis no mundo.

↑ Marea

NOVA YORK, NY

N° 109

AMO NY

113 MacDougal ST
NY, NY 10012

➤ Minetta Tavern

MINETTA TAVERN

Mestre dos locais desgastados pelo tempo, Keith McNally restaurou um estabelecimento de esquina nos anos 1930. Manteve o antigo revestimento de madeira, as fotos e caricaturas dos antigos clientes regulares. Como um *pub* de vilarejo, o Minetta Tavern nunca teve a pretensão de servir uma comida tão boa. Os sócios do restaurante e os *chefs* do Balthazar, Lee Hanson e Riad Nasr, maturam muito bem bifes marmorizados para uma colossal *côte de boeuf*, servida com ossos com tutano assado, e para o generoso hambúrguer *black label*, coberto com cebolas caramelizadas. Seu menu com inclinação de bistrô oferece escolhas mais delicadas, como o dourado perfumado com funcho. Mas em um clube nova-iorquino tão famoso você deve realmente pedir um coquetel Manhattan e um bife.

NOVA YORK, NY
N° 111
AMO NY

113 MacDougal ST
NY, NY 10012

➤ Minetta Tavern
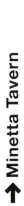

NOVA YORK, NY
N° 113
AMO NY

60 East 54th ST
NY, NY 10022

→ Monkey Bar

MONKEY BAR

«Fui ao Monkey Bar quando cheguei pela primeira vez a Nova York, nos anos 1970. Ele sempre teve um ar depravado», relembra o editor da *Vanity Fair* e *restaurateur* Graydon Carter. Aberto na década de 1930, o bar do Hotel Elysée ganhou o apelido de «transa fácil», já que os amantes geralmente subiam as escadas para os quartos. Os clientes regulares incluíram personagens da mídia e escritores como Dorothy Parker e Tennessee Williams, que se engasgou tragicamente até a morte nesse salão. Para reanimar o Monkey Bar como restaurante, Carter contratou notáveis da indústria, como Ken Friedman, do Spotted Pig, o *ex-chef* do Craft, Damon Wise, a gerente geral conhecedora de vinhos Belinda Chang e a especialista em coquetéis Julie Reiner. «A missão de Walter era a de fazer uma versão atualizada do cardápio clássico americano», comenta Carter, cuja contribuição pessoal ao espaço é um mural dos grandes nova-iorquinos, da era do *jazz* aos anos 1940, feito pelo ilustrador Edward Sorel. «O legal dos murais é que eles recontam a história do restaurante para você, recontam a história da cidade. Ed estava com 82 anos, e conseguir que executasse o mural foi uma espécie de façanha, pois ele pode ser bastante ranzinza», admite Carter.

NOVA YORK, NY
N° 115
AMO NY

60 East 54th ST
NY, NY 10022

→ Monkey Bar

NOVA YORK, NY
Nº 117
AMO   NY

105 Hudson ST
NY, NY 10013

↑ Nobu

NOBU

O restaurante de Nobu Matsuhisa em Tribeca semeou filiais de fusão japonesa em mais de 20 cidades pelo mundo, todas com o mesmo nível de qualidade e talento impecáveis. O arquiteto David Rockwell, levado por sua fascinação pelo teatro, projetou o original com elementos temáticos orientais, como bétulas e pedras de rio que acalman os frequentadores. A criação bacalhau negro glaçado com missô equilibra o sabor do *umami* amanteigado com peixe sedoso, delicadamente cozinhado. Outros pratos populares, como o *tiradito* tipo *ceviche* ao estilo de Nobu mostram como o *chef* foi influenciado por períodos em que esteve na América do Sul.

NOVA YORK, NY
N° 119
AMO NY

105 Hudson ST
NY, NY 10013

→ Nobu

NOVA YORK, NY
N° 121
AMO NY

178 Broadmay
Brooklyn, NY 11211

→ Peter Luger

NOVA YORK, NY
N° 123
AMO NY

178 Broadway
Brooklyn, NY 11211

PETER LUGER

Você veio pelos bifes, e este é o foco dessa grande taverna americana desde 1887. Esse é o entendimento entre os clientes e garçons de gravata borboleta, que são mais propensos a lhe determinar o seu pedido do que a anotá-lo. Você quer um *porterhouse* para dois, três ou quatro? Essas são as únicas opções reais, mais umas batatas fritas e talvez um acompanhamento de espinafre cremoso amanteigado. Grandes pratos de carne maturada a seco chegam perfeitamente entre ao ponto e malpassados, com uma crosta da grelha nos lugares certos. Só não se surpreenda quando sua carne chegar fatiada. É o estilo do Luger e você não vai querer de outra maneira.

↑ Peter Luger

NOVA YORK, NY
N° 125
AMO NY

1 West 59th ST, Concourse Level
NY, NY 10019

➜ Plaza Food Hall by Todd English (The)

THE PLAZA FOOD HALL BY TODD ENGLISH

Fundado em 1907, o famoso Plaza Hotel apresenta hoje um conceito bem moderno de servir à mesa, em seu andar inferior. O *chef* Todd English concebeu oito bancadas onde seus cozinheiros preparam de tudo, de *sushi* a sanduíches aperitivos, podendo-se atender aos pedidos de todos eles ao mesmo tempo. A tendência mediterrânea de English aparece nos pães sírios cobertos com geleia de figo e *prosciutto*. O Plaza Niçoise traz atum cozido em azeite com vinagrete de azeitonas pretas.

NOVA YORK, NY
Nº 127
AMO NY

1 West 59th ST, Concourse Level
NY, NY 10019

→ Plaza Food Hall by Todd English (The)

NOVA YORK, NY
N° 129
AMO NY

227 Tenth AV
NY, NY 11011

→ Red Cat (The)

THE RED CAT

O projeto de Jimmy Bradley resume o bistrô americano: um animado espaço que é sempre uma boa opção, com influências da França e do Mediterrâneo e que, definitivamente, serve frango assado. Cercado pelas galerias do West Chelsea, o restaurante exibe trabalhos artísticos locais, e os frequentadores das inaugurações param no bar para jantares improvisados e coquetéis bem feitos.

NOVA YORK, NY
N° 131
AMO NY

227 Tenth AV
NY, NY 11011

➜ Red Cat (The)

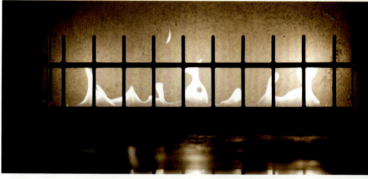

NOVA YORK, NY
N° 135
AMO NY

310 Lenox AV
NY, NY 10027

RED ROOSTER

Nascido na Etiópia e criado na Suécia (onde também se formou na alta gastronomia), Marcus Samuelsson estabeleceu raízes no Harlem. Esse restaurante é uma expressão de todas essas influências. Samuelsson serve as almôndegas de sua avó sueca com geleia de mirtilo vermelho, lentilhas com arroz de coco e a comida tradicional local, como o frango frito com molho picante de carne. Um grande público multicultural ressalta como Samuelsson renovou o cenário da gastronomia da vizinhança.

↑ Red Rooster

NOVA YORK, NY
N° 139
AMO NY

848 Washington ST
NY, NY 10014

↑ Standard (The)

Oysters

BLUE POINT
Long Island

FANNY BAY
Washington State

BEAUSOLEIL
New Brunswick

HAMA HAMA
Washington State

WELLFLEET
Massachusetts

YAQUINA
Oregon

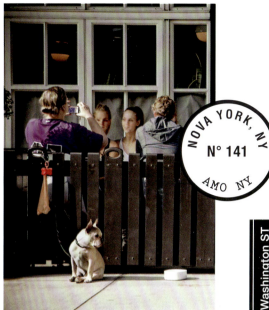

NOVA YORK, NY
N° 141
AMO NY

848 Washington ST
NY, NY 10014

THE STANDARD

Em um ato inovador de revitalização urbana, uma linha férrea suspensa que havia sido desativada tornou-se um passeio ao longo do West Side. Atraindo *voyeurs* de dentro e fora, esse hotel de André Balazs, feito de concreto e vidros não refletores, foi concebido como uma casa de bonecas aberta. A vista para dentro dos quartos às vezes distrai do bruxuleante rio Hudson. O entretenimento interno inclui a *brasserie* Standard Grill no térreo, um saguão na cobertura apelidado não oficialmente de Boom Boom Room e uma filial da boate Le Bain, também com vistas panorâmicas.

↑ Standard (The)

NOVA YORK, NY Nº 143 AMO NY

Time Warner Center, 10 Columbus Circle NY, NY 11019

TIME WARNER CENTER

Fugindo do padrão de um shopping center americano, o Time Warner Center evita as pizzas de rede e faz refogados para restaurantes com equipes estelares. Thomas Keller comanda o quarto piso, com vista para o Central Park, com a mais refinada alta gastronomia de Nova York, o Per Se, seu restaurante da costa leste apenas com menu de degustação. Do outro lado, Masayoshi Takayama prepara generosos menus de *omakase* no Masa, e o exchef do Windows on the World, Michael Lomonaco, comanda a *steakhouse* Porter House New York. Um lance de escadas abaixo e Missy Robbins reina com massas frescas no A Voce Columbus, Marc Murphy vende vinhos a preço de varejo em seu sofisticado restaurante familiar, o Landmarc, e a força da confeitaria, Sébastien Rouxel, desenvolve porções com doçuras americanas, como as Oreos, na seção para viagem do café de Keller, a Bouchon Bakery.

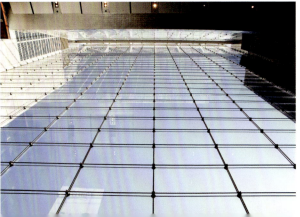

→ Time Warner Center

NOVA YORK, NY
N° 145
AMO NY

Time Warner Center, 3rd floor, 10 Columbus Circle
NY, NY 11019

→ Time Warner Center, A Voce

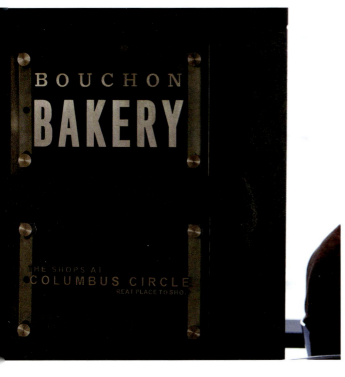

NOVA YORK, NY
N° 147
AMO NY

Time Warner Center, 3rd floor, 10 Columbus Circle
NY, NY 11019

→ Time Warner Center, Bouchon Bakery

BOUCHON BAKERY

NOVA YORK, NY
N° 149
AMO NY

Time Warner Center, 4th floor, 10 Columbus Circle
NY, NY 11019

→ Time Warner Center, Masa

NOVA YORK, NY
N° 151
AMO NY

Time Warner Center, 4th floor, 10 Columbus Circle
NY, NY 11019

Time Warner Center, Masa

MASA

NOVA YORK, NY
Nº 153
AMO NY

Time Warner Center, 4th floor, 10 Columbus Circle
NY, NY 11019

→ Time Warner Center, Per Se

NOVA YORK, NY
N° 155
AMO NY

Time Warner Center, 4th floor, 10 Columbus Circle
NY, NY 11019

→ Time Warner Center, Per Se

PER SE

«Tento dar um contexto histórico a cada um dos meus restaurantes, pois quero que os frequentadores tenham conexões emocionais com a comida. Focamos nos ingredientes e na execução, mas algumas coisas que tornam nossa gastronomia mais caprichosa são tiradas das combinações familiares americanas — Coffee and Doughnuts, rosquinha quente de canela com *cappuccino semifreddo*, ou Oysters and Pearls, um *zabaglione* de pérolas de tapioca com ostras e caviar americano, que temos servido por cerca de 17 anos. É o primeiro prato que lhe é posto, e normalmente o oferecemos com champanhe. É rico, suntuoso e festivo. É um prato completo, descontraído e sofisticado».
Thomas Keller

NOVA YORK, NY
Nº 157
AMO NY

Time Warner Center, 4th floor, 10 Columbus Circle
NY, NY 11019

→ Time Warner Center, Per Se

PORTER HOUSE NEW YORK

«De muitas maneiras, uma *steakhouse* é o mais puro restaurante americano. Ela deve ser divertida, um pouco barulhenta, confortável e com ótimos ingredientes. É simples de descrever, mas os elementos são bastante desafiadores, porque passamos uma boa parte de cada dia comprando carne e frutos do mar de fornecedores. Os cortes de carne maturada a seco possuem aquele sabor mineral com notas de noz, e utilizamos grelhas infravermelhas que alcançam 870 °C para cozinhar cada pedaço com precisão.» Michael Lomonaco

NOVA YORK, NY
Nº 159
AMO NY

Time Warner Center, 4th floor, 10 Columbus Circle
NY NY 11019

↑ Time Warner Center, Porter House New York

NOVA YORK, NY
N° 161
AMO NY

1524 Neptune AV
Brooklyn, NY 11224

→ Totonno's Pizzeria Napolitano

TOTONNO'S PIZZERIA NAPOLITANO

Entre os ancestrais da pizza de Nova York, Anthony "Totonno" Pero deixou a primeira pizzaria oficial dos Estados Unidos, a Lombardi's, em Manhattan, para abrir essa lenda de Coney Island, em 1924. Mantendo o estilo respeitado da tradição de Nova York, esses discos finos e crocantes são assados no forno a lenha, e são tão grandes como calotas de automóvel — superando aquelas criações fofas e sem forma que definem o novo movimento artesanal. Limitar horário de atendimento é coisa do passado: a Totonno's fecha quando a farinha acaba.

NOVA YORK, NY
N° 163
AMO NY

1524 Neptune AV
Brooklyn, NY 11224

→ Totonno's Pizzeria Napolitano

NOVA YORK, NY
N° 167
AMO NY

50 Clinton ST
NY, NY 10002

WD~50

Wylie Dufresne pertence à escola científica dos *chefs* dedicados a técnicas avançadas e fascinados pelas maneiras como os alimentos podem ser cozidos e preparados. Embora esse estilo de gastronomia seja conhecido como gastronomia molecular, os principais praticantes rejeitam o termo. Em vez disso, trata-se de experimentação. A pesquisa de Dufresne levou a maravilhas como os ovos Benedict, apresentados como cilindros de gema com *hollandaise* frita por imersão, e *foie gras* aerado com ameixa, beterrabas em picles e crocantes de brioche. Sua curiosidade significa que haverá algo de novo e excitante a provar a cada vez que você voltar.

↑ WD~50

UR BANA E PASTO RIL

URBANA E PASTORIL

N° 171

AMO NY

Flatiron District 35 East 18th ST
NY, NY 10003

→ ABC Kitchen

ABC KITCHEN

Jean-Georges Vongerichten diz que ele e Dan Kluger, o *chef* do anexo ecochique da monumental loja de artigos domésticos da ABC, conheceram-se examinando os vegetais da Union Square e se tornaram «amigos de feira». Os dois sabem como extrair sabores sazonais intensos. Torradas com caranguejo chegam em massa fermentada com *aïoli* de limão e alho, e adquirem seu calor do chili verde. As cenouras são assadas inteiras com tomilho, cominho e chili vermelho seco para uma salada com abacate, brotos, creme azedo e molho cítrico. Vongerichten explica: «gosto de chilis, chilis tailandeses, *jalapeños*. Estou usando um pouquinho em tudo. É questão de criar aquele desejo».

URBANA E PASTORIL
N° 173
AMO NY

Flatiron District 35 East 18th ST
NY, NY 10003

→ ABC Kitchen

ABRAÇO ESPRESSO

Bem-visto pelos *chefs* e outros tipos da indústria gastronômica, Abraço é um pequeno local que serve café intensamente concentrado e criativos lanchinhos com sabor adocicado. O coproprietário, Jamie McCormick, frequentemente tira, ele mesmo, doses de *espresso* enquanto conversa sobre tudo com as pessoas — de restaurantes a CDs. A sócia Elizabeth Quijada faz bolos farelentos, sanduíches e pequenos pratos com ingredientes da feira da Union Square. Como a sala de espera interna é muito apertada, os clientes vão para o balcão da calçada para se demorar sobre biscoitos amanteigados com azeitona preta e drinques de alta octanagem.

URBANA E PASTORIL
N° 177
AMO NY

86 East 7th ST
NY, NY 10003

→ Abraço Espresso

URBANA E PASTORIL
N° 179
AMO NY

20 West 29th ST
NY, NY 10001

→ Ace Hotel

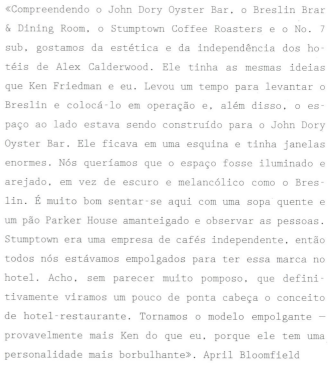

ACE HOTEL

«Compreendendo o John Dory Oyster Bar, o Breslin Brar & Dining Room, o Stumptown Coffee Roasters e o No. 7 sub, gostamos da estética e da independência dos hotéis de Alex Calderwood. Ele tinha as mesmas ideias que Ken Friedman e eu. Levou um tempo para levantar o Breslin e colocá-lo em operação e, além disso, o espaço ao lado estava sendo construído para o John Dory Oyster Bar. Ele ficava em uma esquina e tinha janelas enormes. Nós queríamos que o espaço fosse iluminado e arejado, em vez de escuro e melancólico como o Breslin. É muito bom sentar-se aqui com uma sopa quente e um pão Parker House amanteigado e observar as pessoas. Stumptown era uma empresa de cafés independente, então todos nós estávamos empolgados para ter essa marca no hotel. Acho, sem parecer muito pomposo, que definitivamente viramos um pouco de ponta cabeça o conceito de hotel-restaurante. Tornamos o modelo empolgante — provavelmente mais Ken do que eu, porque ele tem uma personalidade mais borbulhante». April Bloomfield

URBANA E PASTORIL
N° 181
AMO NY

16 West 29th ST
NY, NY 10001

 Ace Hotel

URBANA E PASTORIL
N° 183
AMO NY

16 West 29th ST
NY, NY 10001

→ Ace Hotel, Breslin (The)

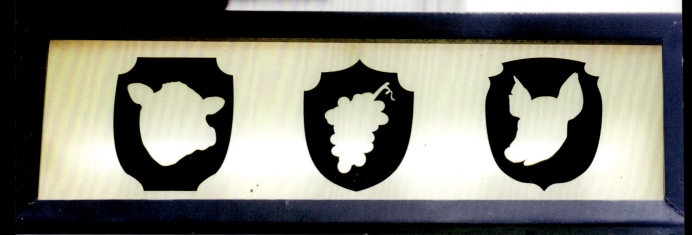

URBANA E PASTORIL
N° 185
AMO NY

16 West 29th ST
NY, NY 10001

THE BRESLIN

→ Ace Hotel, Breslin (The)

URBANA E PASTORIL
N° 187
AMO NY

1196 Broadway
NY, NY 10001

↑ Ace Hotel, John Dory Oyster Bar (The)

URBANA E PASTORIL
N° 189
AMO NY

1196 Broadway
NY, NY 10001

THE JOHN DORY OYSTER BAR

→ Ace Hotel, John Dory Oyster Bar (The)

ALDEA

George Mendes, pupilo de David Bouley, tece os sabores de Portugal e Espanha em pratos sofisticados nesse restaurante minimalista de dois andares. Ingredientes como alho, cebola, tomate, folhas de louro e páprica acrescentam o que Mendes gosta de chamar de tempero «corajoso» a criações como camarão tostado ao alhinho com pimentão. Seu arroz de pato, arroz de confit de pato com chouriço e azeitonas é bem equilibrado na textura e no sabor.

URBANA E PASTORIL
N° 191
AMO NY

31 West 17th ST
NY, NY 10011

→ Aldea

URBANA E PASTORIL
N° 193
AMO NY

510 West 52nd ST
NY, NY 10019

ARDESIA

Com mais de 35 vinhos do Velho Mundo e do Novo na vitrine, pode ser difícil se decidir. Então, o proprietário Mandy Oser promete que você sempre será servido com uma degustação daquele Grüner Veltliner ou Pinot Noir do Anderson Valley californiano. A *chef* Amorette Casaus dá ênfase aos pequenos pratos. Talvez você comece com um *crostino* com ricota caseira de leite de cabra. Casaus também faz salsichas de coquetel com bochecha de porco defumada e *pretzels* do tipo vendido na rua com mostarda condimentada e molho de queijo *gruyère*. Enquanto isso, os garçons recolhem garrafas da parede de vinho de dois andares por meio de uma passarela de metal, uma referência aos andaimes presentes por toda a parte nessa vizinhança em desenvolvimento.

↑ Ardesia

BEDFORD CHEESE SHOP

Fazer amizade com os produtores de queijo é uma maneira de cultivar um sentimento de vizinhança dentro do grande plano da cidade. A rangente abertura da porta libera aquele maravilhoso cheiro forte de uma queijaria de verdade. Aponte e prove, e os especialistas em laticínios decifrarão suas preferências. A proprietária, Charlotte Kamin, fornece rodas de La Tur piemontês, Morbier do Jura, pedaços do *feta* australiano e a ricota de Salvatore Bklyn, feita na cidade com leite do *upstate*. A variedade de seus itens desencadeia fantasias da despensa. Especialidades importadas como a massa Rustichella d'Abruzzo e as mostardas Dijon dividem espaço com mercadorias produzidas ali perto, como os Sour Puss Pickles, o molho picante Mázi Piri Piri e os doces *s'mores*, da Tumbador Chocolate.

URBANA E PASTORIL
N° 197
AMO NY

229 Bedford AV
Brooklyn, NY 11211

← Bedford Cheese Shop

URBANA E PASTORIL
N° 199
AMO NY

630 Bedford Road
Tarrytown, NY 10509

→ Blue Hill at Stone Barns

BLUE HILL AT STONE BARNS

«Pensamos sobre as receitas a partir do zero, literalmente, pois não se trata apenas dos sabores de um pernil de cordeiro ou de uma cenoura quando estão na cozinha, mas do momento de seu nascimento ou de sua plantação. O carneiro que servimos é criado no pasto. Quando você coloca um animal no pasto, ele circula e come a melhor grama, na melhor época. Essa é, provavelmente, a definição de sustentabilidade: permitir que o carneiro coma o que ele quer, ou que a cenoura absorva aquilo de que o solo a pode prover. Mas é chocante, para mim, que as melhores escolhas para a agropecuária ecológica sejam sempre as melhores opções de sabor. Essa é uma ótima maneira de ser um *chef*, pois é muito conectada a um sistema maior que funciona: a natureza.» Dan Barber

URBANA E PASTORIL
N° 201
AMO NY

630 Bedford Road
Tarrytown, NY 10509

➜ Blue Hill at Stone Barns

URBANA E PASTORIL

N° 203

AMO NY

207 2nd AV
NY, NY 10003

BOOKER
AND DAX

↑ Booker and Dax

BOOKER AND DAX

David Chang do Momofuku partilha com o diretor de culinária do French Culinary Institute, Dave Arnold, esse avançado bar de coquetéis onde nitrogênio líquido e atiçadores quentes são os novos batedores e misturadores. Arnold treina seus mixologistas para resfriarem os utensílios de vidro com o nitrogênio, enquanto o atiçador quente e vermelho esquenta os drinques individuais, caramelizando seus açúcares — como no bem batizado Friend of the Devil, com vermute doce, Campari, uísque de centeio e Pernod.

URBANA E PASTORIL
N° 205
AMO NY

207 2nd AV
NY, NY 10003

→ Booker and Dax

URBANA E PASTORIL

N° 207

AMO NY

65 East 8th ST
NY, NY 10003

→ Broadway Panhandler

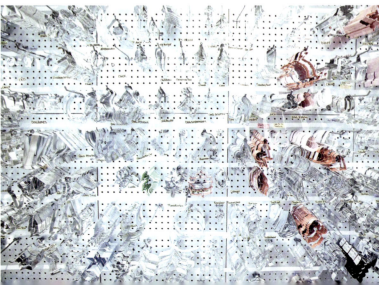

URBANA E PASTORIL
Nº 209
AMO NY

65 East 8th ST
NY, NY 10003

BROADWAY PANHANDLER

Como o nome da loja sugere, há panelas por todos os lados — centenas, segundo o proprietário Norman Kornbleuth. Sauteuses All-Clad, linha de utensílios de cobre Bourgeat e panelas Le Creuset de cima a baixo. Intrigado quando o ícone da culinária James Beard foi fazer compras na loja de suprimentos para restaurantes de seu pai, Kornbleuth vislumbrou e mais tarde concretizou uma loja de varejo que traria as ferramentas da indústria para a cozinha das casas. Além das panelas, os clientes vêm pela cutelaria (cerca de 30 tipos apenas de facas do *chef*), assadeiras e utensílios de cozinha tão simples e importantes como um descascador.

→ Broadway Panhandler

URBANA E PASTORIL
N° 211
AMO NY

79 North 11th ST
Brooklyn, NY 11211

→ Brooklyn Brewery

BROOKLYN BREWERY

Fundada em 1987, a cervejaria de Steve Hindy hoje representa a força artesanal do Brooklyn, com uma unidade de produção no centro de Williamsburg. O inigualável mestre cervejeiro Garrett Oliver, editor chefe da *The Oxford Companion to Beer*, supervisiona estilos principais, como a Brooklyn Lager, cervejas sazonais e edições da reserva, como a Sorachi Ace, feita com uma única variedade do lupo homônimo. Aqueles que quiserem provar diretamente da fonte podem visitar a fábrica durante o *happy hour*, nas noites de sexta-feira, quando a equipe deixa você fazer seu pedido na sala de degustação.

URBANA E PASTORIL
N° 213
AMO NY

79 North 11th ST
Brooklyn, NY 11211

➜ Brooklyn Brewery

URBANA E PASTORIL
Nº 215
AMO NY

East River Waterfront, N6 and 7th ST
Brooklyn, NY

→ Brooklyn Flea/Smorgasburg

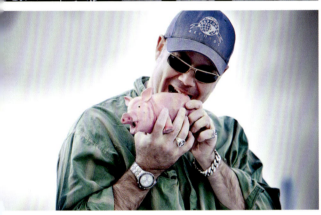

URBANA E PASTORIL
N° 217
AMO NY

East River Waterfront, N6 and 7th ST
Brooklyn, NY

BROOKLYN FLEA/ SMORGASBURG

Aqui você encontrará os mais novos produtos alimentícios artesanais. Os mentores Eric Demby e Jonathan Bulter adotaram o conceito de um mercado de pulgas de final de semana para criar uma demanda para comestíveis de edição limitada. Hoje, o ramo do Brooklyn Flea, o Smorgasburg, vende comida de mais de 100 vendedores. Dando destaque ao abundante bufê: Solber Pupusas assa os bolinhos de milho salvadorenhos; AsiaDog cobre *wieners* vegeterianas, de frango ou carne, com condimentos supreendentes, como salada de repolho e gergelim; e a Pizza Moto solta pizzas de um forno reboque, de alvenaria. O *blog* do mercado anuncia semanalmente os recém-chegados. Depois de um lanche de lagosta numa semana, você deve voltar pela comida tailandesa, pelo refresco de melancia e pela compota de mirtilo selvagem.

↑ Brooklyn Flea/Smorgasburg

URBANA E PASTORIL
N° 219
AMO NY

42 East 22nd ST
NY, NY 10010

CIANO

Nhoque, *catavelli*, ravióli — o *chef* Shea Gallante enrola e amassa de 10 a 20 variedades de massa fresca em qualquer temporada. A atmosfera é acolhedora e com um toque da Toscana, mas Gallante contrasta a rusticidade com um menu erudito. Ele prepara o *cortecce* — semelhante a um *orecchiette* esticado — com polvo refogado, *pancetta*, cebola-roxa e migalhas de pão, e usa pato em um rico Bolonhesa. A carta de vinhos de John Slover permite que você abra e compre apenas metade de certas garrafas de sua lista de tendência italiana.

↑ Ciano

URBANA E PASTORIL
N° 221
AMO NY

42 East 22nd ST
NY, NY 10010

→ Craft

CRAFT

«Olhei para o que tinha feito durante os últimos 20 anos e percebi que a cada temporada minha comida estava ficando mais simples. Pensei: 'como ela se parecerá daqui a 20 anos? Por que não posso fazer um restaurante com perca do mar apenas assada na panela, com sal, pimenta e azeite, e um prato perfeito de moráceas?'. Se achasse que teria tido tanta influência, creio que teria ficando com medo de fazer isso. Quando o Craft começou, em 2001, muitas pessoas ficaram confusas. Você pede um prato principal e alguns acompanhamentos. Isso realmente lhe dá a chance de evocar as estações. Os ingredientes que saem do chão no mesmo momento possuem uma afinidade natural uns com os outros». Tom Colicchio

URBANA E PASTORIL
N° 223
AMO NY

43 East 19th ST
NY, NY 10003

→ Craft

Urbana e Pastoril — N° 225 — AMO NY

153 East 57th ST
NY, NY 10022

CRUSH WINE & SPIRITS

Robert Schagrin considera como os quatro pilares das opções do Crush as regiões de Champagne, Alemanha/Áustria, Piemonte e Borgonha, que representam cerca de 1.000 rótulos de sua seleção. Além de aquisições invejáveis de caves particulares (com marcas de envelhecimento adequado como «belos líquidos e cápsulas giratórias»), os vinhos ecléticos são motivo de orgulho — como garrafas de Huet Vouvray datadas de 1945 e Vin Jaunes envelhecidos do Jura. Schagrin escolheu materiais de vinificação, como vidro, aço e rochas para o impressionante design da loja, aberta com os sócios Drew Nieporent e Josh Guberman. No fundo, o Cubo, uma sala de vidro com temperatura controlada, abriga garrafas especiais pelas quais você é bem-vindo a navegar.

↑ Crush Wine & Spirits

URBANA E PASTORIL

N° 227

AMO NY

623 Eleventh AV
NY, NY 10036

Take-Out & Catering for All Occasions

Daisy May's BBQ USA

Corner of 46th st. 11th Ave

N.Y.C.

(212) 977-1500

→ Daisy May's BBQ USA

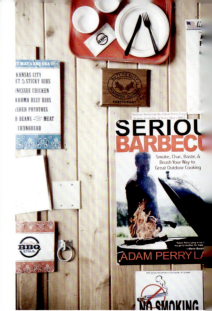

DAISY MAY'S BBQ USA

URBANA E PASTORIL
N° 229
AMO NY

623 Eleventh AV
NY, NY 10036

A autoridade em grelhados, Adam Perry Lang, passou pelo Le Cirque, Daniel e pelo Guy Savoy, em Paris. O churrasco de porco de Lang ganhou o primeiro prêmio no World Series of Barbecue, de Kansas City, e seu estabelecimento estilo cafeteria em Hell's Kitchen é especializado em sanduíches de carne de porco desfiada e em costeletas de porco temperadas com pimenta jamaicana. Reservar cortes grandes exige parcerias; grupos de clientes vestem luvas de látex para atacar as partes mais suculentas dos animais inteiros e dos pernis, tudo esfregado com temperos e cozido durante horas na brasa. Ainda haverá sobras para dias a fio.

↑ Daisy May's BBQ USA

URBANA E PASTORIL
N° 231
AMO NY

38 Eighth AV
NY NY 10014

→ Dell' Anima

DELL' ANIMA

Entre a nova geração de *restaurateurs*, o *chef* Gabe Thompson e o especialista em vinhos italiano Joe Campanale miram em clientes jovens e bem versados com comida bastante temperada e um programa de bebidas discreto. Thompson chamusca tentáculos de polvo até que fiquem ultramacios para uma salada quente com feijões e chouriço e faz linguiças para um *risotto alla pilota* firme e rápido. A lista de Campanale dá prioridade aos pequenos produtores locais e coquetéis — como um borbulhante Negroni Sbagliato com Campari, Carpano Antica e Lambrusco branco.

URBANA E PASTORIL
N° 233
AMO NY

38 Eighth AV
NY, NY 10014

→ Dell' Anima

URBANA E PASTORIL
N° 235
AMO NY

85 Broadway
Brooklyn, NY 11249

→ Diner

URBANA E PASTORIL
N° 237
AMO NY

DINER

O nome Diner (Jantar) pode parecer inapropriado, tendo em vista o menu de comida americana sazonal tão inovadora. Mas o restaurante pioneiro de Andrew Tarlow em Williamsburg mantém as horas de jantar. Abre até quando os outros fecham — em nevascas, durante furacões e no 4 de julho. Os garçons rabiscam descrições dos pratos, como se faz na feira, no papel que cobre a sua mesa: saladas vibrantes com elementos crus e cozidos, *fettucine* com cogumelos chanterelle e carne vermelha de animais criados no pasto. Em um show continuado de brilhantismo no Brooklyn, esse aglomerado vagão-restaurante deixou um rastro gustativo. Já o Marlow & Sons, um restaurante e armazém ao lado, você pode pedir ostras e champanhe, ou um *cappuccino* para viagem em uma xícara sustentável. O Marlow & Daughters, a despensa no quarteirão, vende carne proveniente de animais criados em fazenda e até bolsas feitas de couro de vaca.

85 Broadway
Brooklyn, NY 11249

↑ Diner

URBANA E PASTORIL
N° 239
AMO NY

103 West 77th ST
NY, NY 10024

→ Dovetail

URBANA E PASTORIL
Nº 241
AMO NY

103 West 77th ST
NY, NY 10024

DOVETAIL

Na maioria das vezes, os clientes vêm por causa dos novos pratos americanos de John Fraser, como o halibute cozido no azeite de oliva com azeitonas ou o lombo bovino com lasanha de músculo da face bovina. Nas noites de segunda-feira, ele atrai sua atenção para os vegetais. Fraser compara um prato orientado para o hortifruti a um cubo mágico — as possibilidades se multiplicam quando a carne se torna um condimento. Ele pode adicionar *umami* a filés de rabanete *daikon*, glaçando-os com missô ou aprofundando o sabor do risoto de milho com tutano e capa de filé.

→ Dovetail

Fette Sau — URBANA E PASTORIL Nº 243 AMO NY — 354 Metropolitan AV, Brooklyn, NY 11211

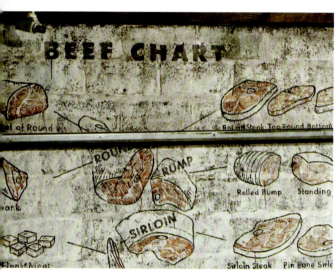

URBANA E PASTORIL
N° 245
AMO NY

354 Metropolitan AV
Brooklyn, NY 11211

FETTE SAU

«Não é a coisa mais fácil do mundo transformar uma oficina mecânica em um restaurante, mas era uma ideia muito boa para deixar para trás», comenta Joe Carroll, que fundiu a cultura do churrasco (mesas compartilhadas, pedidos por quilo, bandejas revestidas com papel de açougueiro) com um estilo próprio de carne defumada na madeira. «Eu quis implementar a técnica, mas em uma linguagem que falasse aos nova-iorquinos. Foi isso que nos levou a fazer barriga de porco, cara de porco e pastrami», explica. As bebidas incluem o artesanal uísque americano, como Pappy Van Winkle, e cervejas locais da Kelso e da Sixpoint, vendidas em garrafões de vidro. Considerando a quantidade de carne de porco apresentada no menu, faz sentido que o nome do restaurante signifique «porco gordo», em alemão (um aceno à ascendência europeia de sua esposa e sócia, Kim). Eis o que talvez você não saiba: «É algo que você diria a outra pessoa, menos a alemães mais velhos, que acham ofensivo», confessa.

→ Fette Sau

FRANNY'S

Isso é o que acontece quando uma defensora da agricultura sustentável (Francine Stephens) se casa com um *chef* apaixonado por pizza e comida italiana (Andrew Feinberg). «Os *chefs* que vieram comer quiseram vir trabalhar com a gente», diz Stephens. No final do verão, é certo que você encontrará tomates *heirloom* perfeitos. O outono traz as peras fatiadas, tupinambo e avelãs cobertas por uma nevasca de queijo *pecorino*. A torta de estrela-do-mar permanece constante, coberta com moluscos sem casca com creme fresco, salsa e pimentas sicilianas secas. Stephens foca em vinhos italianos feitos com variedades nativas: «É uma combinação de produtores que conheci e respeito por suas técnicas de cultivo», ela comenta. Para a sobremesa, uma *panna cotta* perfeita possui uma cremosidade suave no ponto ideal.

URBANA E PASTORIL
N° 249
AMO NY

295 Flatbush AV
Brooklyn, NY 11217

→ Franny's

URBANA E PASTORIL
N° 251
AMO NY

391 Van Brunt ST
Brooklyn, NY 11231

→ Good Fork (The)

URBANA E PASTORIL
N° 253
AMO NY

391 Van Brunt ST
Brooklyn, NY 11231

THE GOOD FORK

A área do Red Hook do Brooklyn foi estabelecida em 1636, então seria de se imaginar que, hoje em dia, essa península oferecesse um acesso melhor ao transporte público. O restaurante de comida caseira da *chef* Sohui Kim e de seu marido, Ben Schneider, é uma boa razão para pegar um carro. Kim faz delicados bolinhos de carne de porco e cebolinha e um peito de pato com ameixa assada e lentilhas francesas. Seu prato assinatura é o coreano «bife com ovos» sobre arroz *kimchi*.

→ Good Fork (The)

URBANA E PASTORIL
N° 255
AMO NY

170 Waverly Place
NY, NY 10014

→ Joseph Leonard

URBANA E PASTORIL
N° 257
AMO NY

170 Waverly Place
NY, NY 10014

JOSEPH LEONARD

O West Village é especializado em pequenos restaurantes conviviais aos quais a vizinhança se dirige para comer. Gabe Stulman cria joias que atraem visitantes de outros códigos postais para esperar por uma mesa. Esse é o núcleo agitado dessa operação, que inclui o Jeffrey's, do outro lado da rua, e uma recriação de um marco do Village, o Fedora, quarteirão abaixo. Do lado de dentro, você pode curtir no bar de zinco. É uma espécie de jantar fora caseiro — à luz de velas e com comida saborosa — que faz os clientes desejarem morar ao lado.

Joseph Leonard

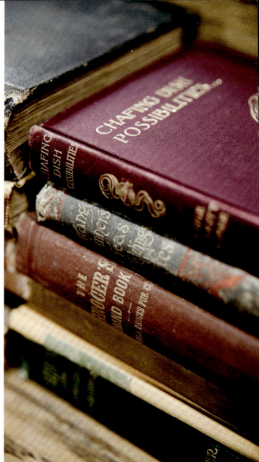

URBANA E PASTORIL
N° 259
AMO NY

1435 Lexington AV
NY, NY 10128

KITCHEN ARTS & LETTERS

Dedicado à literatura da comida, Nach Waxman consegue a melhor seleção de livros de receitas, novos e esgotados, guias de referência culinária e outros escritos para os comilões cultos. Navegar pelas pilhas pode revelar trabalhos da virada do século, de Fannie Farmer (que ajudou a padronizar o uso de medidas nas receitas nos Estados Unidos) ou do historiador de coquetéis David Wondrich — *Punch: The Delights (and Dangers) of the Flowing Bowl*. Alguns volumes estão em francês. Caso você não consiga achar o livro certo na loja, a equipe o ajudará a rastrear títulos difíceis de serem encontrados, sem comissão de agenciamento nem obrigação da compra.

↑ Kitchen Arts & Letters

THE LITTLE OWL

O *chef* Joey Campanaro gosta de dizer que «a necessidade é a mãe de todas as invenções». Ele adaptou um menu de bistrô sazonal às restrições de uma cozinha apertada. Refoga o peixe em vez de grelhá-lo, e serve as almôndegas de sua avó como mini-hambúrgueres, em pequenos pães caseiros. A icônica costela de porco, no entanto, é enorme e maravilhosamente grelhada. Embora conhecido como o perfeito local de vizinhança, o Little Owl na verdade é movimentado demais para os clientes casuais. Um lugar tão pequeno exige reservas.

URBANA E PASTORIL
N° 263
AMO NY

90 Bedford AT
NY, NY 10014

→ Little Owl (The)

LUKE'S LOBSTER

Hoje há várias dessas barracas de frutos do mar do Maine temperando a paisagem urbana com sanduíches de frutos do mar para viagem, assentos de boia e decoração de pescadores, graças aos jovens empreendedores Luke Holden e Ben Conniff. Os sanduíches de lagosta são a principal atração: carne tenra da garra e da articulação (enviada pelo negócio de frutos do mar da família Holden em Portland) recheando pães brancos com um risco de maionese, uma gota de manteiga e uma pitada de tempero baseado em sal de salsão. O modelo de negócio permanece consistente com os refrigerantes orgânicos de raízes do Maine, cervejas artesanais feitas no estado e a vibração entusiasmante de uma equipe de rostos jovens.

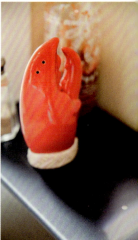

URBANA E PASTORIL
N° 267
AMO NY

93 East 7th ST
NY, NY 10003

→ Luke's Lobster

HONEY CAKE

URBANA E PASTORIL
N° 269
AMO NY

97 Hoyt ST
Brooklyn, NY 11217

↑ Mile End

MILE END

Noah Bernamoff e sua mulher Rae Cohen comandam uma *delicatessen* judia do jeito de Montreal, mas também do jeito do Brooklyn. Há peito bovino defumado na tradição canadense, *bagels* firmes trazidos direto de St-Viateur, no norte, e uma bagunça apimentada de batatas fritas e molho, conhecida como *poutine*. As tendências de fora do burgo incluem produzir comidas como pão de centeio e repolho azedo do zero.

URBANA E PASTORIL
N° 271
AMO NY

97 Hoyt ST
Brooklyn, NY 11217

→ Mile End

URBANA E PASTORIL
N° 273
AMO NY

207 Second AV
NY, NY 10003

↑ Momofuku Ssäm Bar

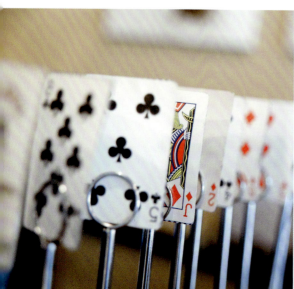

URBANA E PASTORIL
Nº 275
AMO NY

207 Second AV
NY, NY 10003

MOMOFUKU SSÄM BAR

David Chang começou esse conceito influente como uma loja de *burritos* asiáticos. Então, *chefs* começaram a chegar tarde da noite por causa de sua deliciosa e impressionante comida com porco gordo, produtos agrícolas do nordeste e fortes ingredientes asiáticos, como o molho de peixe. O estilo de gastronomia do *after-hour* de Chang dominou o restaurante que, juntamente com seu bar de lamen original, incitou uma onda dos devotos da carne de porco. A receita de pedaços de barriga de porco criada pelo *chef* está aqui — mais o arroz grudento com ragu de linguiça apimentada e toques sazonais, como cogumelos *chanterelle* com ovos de codorna em picles, e uma paleta de porco Bo Ssäm somente com reserva, que serve de seis a dez pessoas e inclui ostras, *kimchi*, molhos deliciosos e trouxas de alface.

↑ Momofuku Ssäm Bar

MOTORINO

- ★ -

let us cater your new year's ball

*

Mail your packages early, so the post office can lose them in time for Xmas

URBANA E PASTORIL
N° 277
AMO NY

349 East 12th ST
NY, NY 10003

→ Motorino

MOTORINO

É preciso um belga para inventar uma pizza de couve de Bruxelas. O *chef* Mathieu Palombino desertou da alta gastronomia para imergir na fabricação de pizzas, e seu produto é maravilhosamente original. Ele adquiriu um equipamento de ponta — um forno de alvenaria Acunto que chega a 480 °C —, utiliza os melhores ingredientes e a massa é perfeita, que incha e cria bolhas em uma crosta borrachuda e cheirosa. Em grande parte relembrando seu passado, Palobino solta um disco coberto com *pancetta*, muçarela *fior di latte* caseira e aquele vegetal amargo que se desmancha no calor. «Em todos os restaurantes em que trabalhei, as mulheres diziam gostar de couve de Bruxelas», ele argumenta. A atração transcende seu público-alvo.

URBANA E PASTORIL
N° 279
AMO NY

349 East 12th ST
NY, NY 10003

➜ Motorino

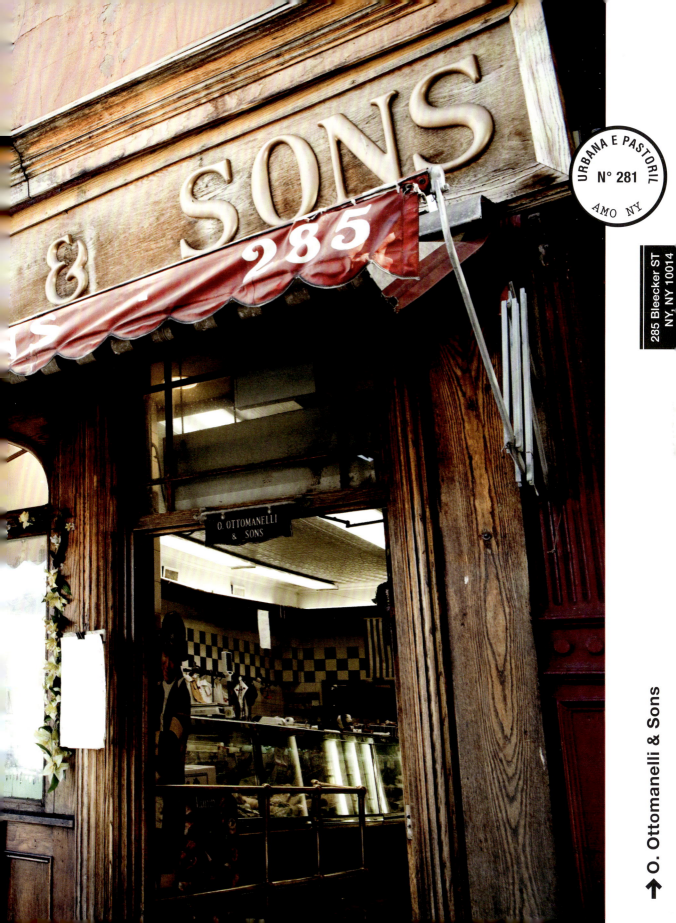

O. OTTOMANELLI & SONS

Quatro irmãos Ottomanelli comandam esse açougue fundado há mais de 60 anos por seu pai, Onofrio, na Bleecker Street. Alguns clientes vêm ao açougue há décadas para comprar cordeiro do Colorado, linguiça caseira de porco com funcho e carne do Meio-Oeste maturada a seco por 14 a 36 dias. Como uma maneira de se destacar quando o quarteirão foi dominado por mercados de alimentos, Onofrio introduziu as carnes de caça, como búfalo, javali selvagem e faisão. Durante as férias, linguiças de cervo feitas com uma mistura secreta de temperos são colocadas à venda. «Meus avós eram açougueiros em Bari, na Itália, e nós continuamos a tradição», diz Frank O., cujo filho já trabalha no açougue.

URBANA E PASTORIL · N° 283 · AMO NY

285 Bleecker ST
NY, NY 10014

→ O. Ottomanelli & Sons

URBANA E PASTORIL
N° 285
AMO NY

194 Elizabeth ST
NY, NY 10012

→ Peasant

PEASANT

«Na Itália, sinto-me mais atraído por Puglia, onde quase todas as casas possuem fornos a lenha ou grelhas. Desenhei essa cozinha durante anos, e estoquei tijolos que sobravam da demolição de edifícios para construí-la. Amo tudo nela. Só porque você cozinha algo sobre o fogo não quer dizer que haja o mesmo efeito da defumação. É muito mais sutil do que alguém pode pensar. Trata-se do produto, e não de alterá-lo muito. Leitões vêm de 8 ou 9 quilômetros de distância. O galeto é apenas recheado com ervas e pão e feito em uma assadeira giratória. É tudo parte do mesmo conceito minimalista e orientado para os ingredientes. E esse é o truque mais difícil».
Frank DeCarlo

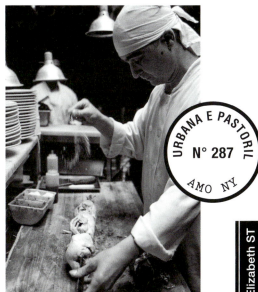

URBANA E PASTORIL
N° 287
AMO NY

194 Elizabeth ST
NY, NY 10012

→ Peasant

URBANA E PASTORIL
N° 289
AMO NY

325 Bowery
NY, NY 10003

↑ Peels

325 Bowery
NY, NY 10003

PEELS

O café da manhã é servido até as 17 horas, todos os dias. Os proprietários William Tigertt e Taavo Somer, do Freemans, projetaram um local aberto o dia todo para seus estilosos seguidores, e o menu inclui itens que o deixarão se sentindo culpado em relação à saúde, ou semi-culpado. Uma situação para o último estado: biscoitos amanteigados do *chef* confeiteiro Shuna Lydon (cobertos por ovos *poché* e molho de linguiça), mais coquetéis como o Bond St. Swizzle com gim, xarope de orchata amendoado e absinto. Tipos arrependidos voltam no dia seguinte para saladas delicadas, com camarões grelhados ou Spa Eggs, somente com as claras.

↑ Peels

URBANA E PASTORIL
N° 295
AMO NY

166 South 4th ST
Brooklyn, NY 11211

PIES 'N' THIGHS

Esse local sulista se alimenta da vibração alegre dos clientes, que se amontoam pelo frango frito e pela torta de pudim de chocolate. Os proprietários Sarah Buck, Carolyn Bane e Erika Geldzahler passaram dois anos preparando um novo espaço para a ressurreição desse pequeno restaurante amado pela vizinhança e que tinha sido forçado a fechar as portas. Com suas cores primárias e cadeiras descombinadas, a sala dianteira parece uma escola do interior e exibe doces confortantes, como os *doughnuts* de açúcar e a sobremesa homônima. Em uma sala de tijolos estilo *loft*, nos fundos, os clientes comem seus biscoitos e outras coisas crocantes em cadeiras que também lembram a escola primária.

↑ Pies 'n' Thighs

URBANA E PASTORIL
N° 297
AMO NY

110 East 7th ST
NY, NY 10009

→ Porchetta

PORCHETTA

Você vem pela carne de porco no prato ou pelo sanduíche de carne de porco, como a *chef* Sara Jenkins costumava comer quando criança, na Itália. Em seu pequeno estabelecimento de comida para viagem, ela tempera energicamente a carne em um estilo típico romano — com alho, louro, alecrim e pólen de funcho selvagem — e assa lombo magro deixando o miolo suculento e a pele crocante. Jenkins tem razão em incluir essa trilogia textural em todas as porções.

URBANA E PASTORIL
N° 299
AMO NY

110 East 7th ST
NY, NY 10009

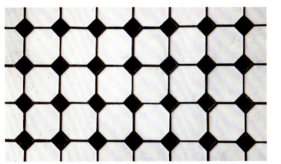

→ Porchetta

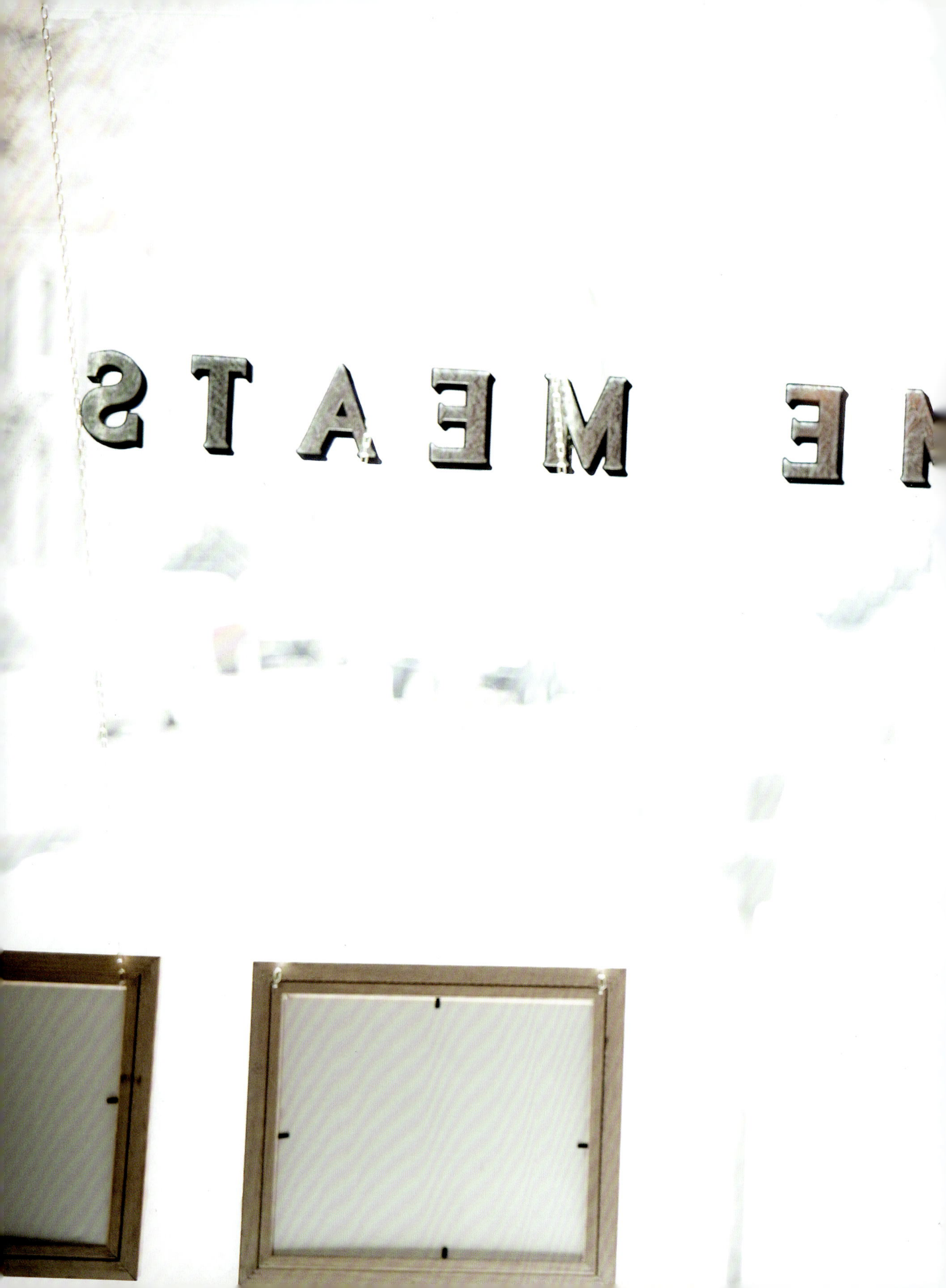

URBANA E PASTORIL · N° 303 · AMO NY

465 Court ST
Brooklyn, NY 11231

PRIME MEATS

Nova York sempre foi uma importante cidade das ostras. Em *Appetite City: a Culinary History of New York*, William Grimes descreve ostras que «cresceram tão grandes como pratos de jantar» em meados do século XIX. As conchas partidas não são gigantescas aqui, mas os *restaurateurs* Frank Falcinelli e Frank Castronovo servem fantásticas Blue Points de Long Island em sua taverna estilo virada do século. Com sua crocante salada de repolho e linguiças caseiras, o menu deve ser considerado «local do Brooklyn» com uma inclinação germânica. Isso explica um exemplar Pretzel caseiro: macio em uma ponta, ele se estreita para um laço crocante e chega quente, com boa manteiga e mostarda forte. Coquetéis inspirados na Lei Seca incluem um ponche caseiro diário.

→ Prime Meats

PRUNE

Não há lugar melhor para testemunhar o ritual do *brunch* do que esse restaurante de 28 lugares, que causa um frenesi na calçada em manhãs de final de semana. Em suas memórias, *Blood, Bones & Butter*, a *chef* e proprietária Gabrielle Hamilton relembra como era quase pisoteada, quando estava grávida, pelos vorazes fãs de seus pratos: ovos mexidos moles com bacon defumado e o Monte Cristo, um sanduíche amanteigado frito. É mais civilizado no jantar, quando o amor de Hamilton pelos sabores intensivamente apetitosos se transforma em tutanos de osso assado, camarões com cabeça e manteiga de anchovas e canelas de cordeiro temperadas.

URBANA E PASTORIL
N° 305
AMO NY

54 East 1st ST
NY, NY 10003

→ Prune

URBANA E PASTORIL
N° 309
AMO NY

529 Hudson ST
NY, NY 10014

RED FARM

Ed Schoenfeld começou sua formação em comida chinesa como um jovem nova-iorquino comendo no Shun Lee e organizando banquetes com *chefs* locais. Anos depois, fazendo um reconhecimento do Brooklyn, ele descobriu o *chef* Joe Ng — que começara a dominar a arte do *dim sum* aos 11 anos em Kowloon. Sua parceria com o *restaurateur* Jeffrey Chodorow inspirou esse projeto, que enfatiza os bolinhos de Ng e os produtos locais, além do design bucólico. Os recheios do *dim sum* vão de pato com caranguejo a frango *kung pao* crocante. Em um instante de humor, Ng modela um *har gow* recheado com camarão em forma de fantasmas do Pac-Man, que surge no prato como uma fatia de batata doce frita por imersão ameaçando comer antes de você.

→ Red Farm

ROBERTA'S

Como um farol para *hipsters* de Nova York a Los Angeles, essa pizzaria estilo celeiro, com empolgantes pratos do *chef* Carlo Mirarchi, orientados localmente, tornou-se um exemplo arquetípico da cultura gastronômica do Brooklyn. A pioneira da comida sustentável na Califórnia, Alice Waters, premiou o Roberta's com uma pequena subvenção para alguns de seus primeiros cultivadores externos provisórios, e a Heritage Radio Network veicula programas sobre comida a partir de uma cabana reciclada no jardim dos fundos. Em mesas coletivas, jovens famílias devoram pizzas como a Axl Rosenberg (cogumelo *sopressata*, alho e *jalapeño*) ao lado de obsessivos por comida devorando barriga de cordeiro com iogurte de cabra. Mirarchi experimenta, em longos menus de degustação muito difíceis de reservar.

URBANA E PASTORIL
N° 313
AMO NY

261 Moore ST
Brooklyn, NY 11206

→ Roberta's

URBANA E PASTORIL
N° 315
AMO NY

179 East Houston
NY, NY 10002

→ Russ & Daughters

RUSS & DAUGHTERS

Reconhecido pelo Smithsonian Institute como um exemplo próspero da herança cultural judaica em Nova York, essa loja *gourmet* especializada em «petiscos» – descritos como comida que se come com *bagels* – remonta sua história ao início de 1900 no Lower East Side. Membros da família, com quatro gerações de especialização, vendem uma seleção sem igual de peixes defumados, do salmão selvagem Western Nova à truta americana defumada a quente. É um lugar clássico para comprar ou pedir um sanduíche coberto de *cream cheese* e sua escolha de frutos do mar do balcão gelado.

URBANA E PASTORIL
N° 317
AMO NY

179 East Houston
NY, NY 10002

➜ Russ & Daughters

URBANA E PASTORIL
N° 319
AMO NY

378 Metropolitan AV
Brooklyn, NY 11211

→ Saltie

URBANA E PASTORIL
N° 321
AMO NY

378 Metropolitan AV
Brooklyn, NY 11211

SALTIE

Bolos de azeite de oliva, massas doces inglesas recheadas com groselha e uma *tortilla* espanhola de bom tamanho estão no balcão dessa loja de sanduíches. A equipe que faz tudo do zero — Caroline Fidanza, Elizabeth Schula e Rebecca Collerton — mistura muitos tipos de cozinha em que se inspira, contanto que os ingredientes meticulosamente escolhidos se combinem para um almoço radiante, crocante e mastigável — que é, na verdade, um pouco salgado. Um tema levemente náutico informa os nomes de cada pedido: o Ship's Biscuit é coberto com ovos mexidos moles e ricota e o Scuttlebutt consiste em ovos cozidos, queijo *feta*, azeitonas, alcaparras e vegetais em picles, em uma *focaccia* fresca.

↑ Saltie

➡ Shake Shack

URBANA E PASTORIL
N° 325
AMO NY

11 Madison AV
NY, NY 10010

SHAKE SHACK

Todos estão sorrindo, à espera — um testemunho da criação do hambúrguer estilo *fast-food* com apelo universal de Danny Meyer, o *restaurateur* equivalente à descoberta da proporção áurea. Os cozinheiros amassam carne moída na hora, na chapa, até que suas bordas fiquem caramelizadas, cobrem-na com queijo americano (que derrete tão bem que parece um molho) e a colocam em um macio pão de batata com alface, tomate e molho Shack. A mistura um tanto secreta funciona como todos os condimentos tradicionais — maionese, *ketchup*, mostarda, picles — em um. Há cenário verde e mesas externas no Madison Square Park, localização de primeira, sem mencionar as pessoas que você encontra. Outros quiosques oferecem bônus como os Concretes (*shakes* realmente densos), inspirados na vizinhança, ou, no Upper West Side, o Shacky Road (mistura de creme de ovos congelado sabor chocolate, *cookies* de chocolate trufado, molho *marshmallow* e amêndoas).

→ Shake Shack

URBANA E PASTORIL
N° 327
AMO NY

26 Bond ST
NY, NY 10012

↑ Smile (The)

URBANA E PASTORIL
N° 329
AMO NY

26 Bond ST
NY, NY 10012

THE SMILE

Os jovens formadores de opinião Matt Kliegman e Carlos Quirarte criaram um moderno *habitat* boêmio em torno de prazeres simples: granola caseira, chá Mariage Frères, vegetais pulverizados com azeite e sal e clientela bonita. O talentoso curador Luke, da loja de móveis Luddite, no Brooklyn, projetou o espaço com uma luminária a óleo do século XVIII transformada em candelabro e com madeira recuperada da Virgínia. Os sócios colocaram o nome de um jornal humorístico de Paris do começo dos anos de 1900 — *Le Sourire* —, e o logo do restaurante exibe uma mulher dos anos 1920 montando um galo, apenas porque parece que ela está se divertindo.

↑ Smile (The)

URBANA E PASTORIL
N° 331
AMO NY

314 West 11th ST
NY, NY 10014

→ Spotted Pig (The)

THE SPOTTED PIG

Esse agitado *pub* gastronômico deve seu sucesso à inigualável dupla formada por Ken Friedman e a *chef* April Bloomfield. Antes de aplicar seu talento convivial em restaurantes, Friedman conquistou a reputação de oferecer excelentes festas; Jay-Z é um amigo e investidor *cool*, que aparece ali com regularidade. A *chef* April Bloomfield veio do River Café, em Londres, com a devoção aos ingredientes locais e a missão original de servir «comida que alcance a alma das pessoas: acessível, confortante e gostosa». As mais simples saladas do cardápio são intensamente saborosas, como o são também os lanches temperados, entre eles a torrada com fígado de frango, e ainda os pratos prazerosamente ricos, como o nhoque com ricota de leite de ovelha em manteiga *noisette*. À noite, a multidão forma três filas de pessoas até o bar, e a espera por uma mesa leva algumas horas. A comida jovial do Bloomfield inclui um dos melhores hambúrgueres de Nova York, com sua cobertura obrigatória de queijo Roquefort.

URBANA E PASTORII
N° 333
AMO NY

314 West 11th ST
NY, NY 10014

➡ Spotted Pig (The)

URBANA E PASTORIL
N° 335
AMO NY

72 West 69th ST
NY, NY 10023

 Telepan

URBANA E PASTORIL
N° 337
AMO NY

72 West 69th ST
NY, NY 10023

TELEPAN

Em agosto você olha para um tomate em seu prato e outro na parede. Vem o outono e você provavelmente verá peras. Fotografias ampliadas de produtos hortifruti mudam quase com tanta frequência quanto o menu neoamericano de Bill Telepan. Os clientes conhecem Telepan por sua truta defumada caseira e pelo Bolonhesa de lagosta em leve molho de tomate. Os pais locais são gratos por seu trabalho de revolução das refeições nas escolas públicas, por meio do Cook for Kids do programa Wellness in the Schools.

← Telepan

URBANA E PASTORIL
N° 339
AMO NY

24 Harrison ST
NY, NY 10009

→ Terroir

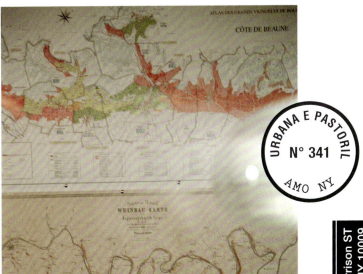

URBANA E PASTORIL
N° 341
AMO NY

24 Harrison ST
NY, NY 10009

TERROIR

Paul Grieco gostaria de modelar seu gosto por vinhos e, o mais importante, fazer com que você beba mais Riesling. Sua lista/manifesto dedica 12 páginas à variedade. Você encontrará espumantes alemães, garrafas do Finger Lakes de Nova York e ofertas de Hugel da Alsácia, o F.X. Pichler da Áustria e Selbach-Oster do Mosel. Outros vinhos de pequena produção se encaixam em seu critério de que «a região da uva ressoa no vinho.» O *chef* Marco Canora contrapõe à intensidade de seus sócios refeições simples, como a linguiça de cordeiro embrulhada em folhas de sálvia e frita, ou um cremoso sanduíche de Taleggio e presunto de pato.

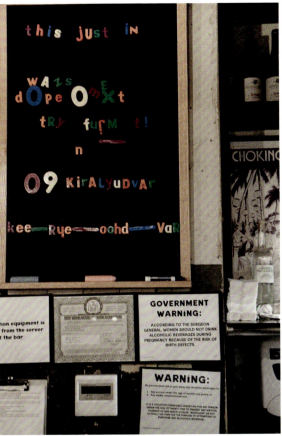

→ Terroir

URBANA E PASTORIL
N° 343
AMO NY

250 Mulberry ST
NY, NY 10012

→ Torrisi Italian Specialties

TORRISI ITALIAN SPECIALTIES

Os *chefs* Mario Carbone e Rich Torrisi concretizaram o plano para esse restaurante neoítalo-americano enquanto cozinhavam no Café Boulud. Fundindo a técnica francesa com as influências dos imigrantes do centro, o menu de preço fixo pode começar com pepinos New Yorkese preparados de várias formas como picles e terminar com o Island Duck, apelido exótico para os pássaros locais de Long Island. O triunfo radical para um menu de tantas formas: sua devoção aos ingredientes locais. A muçarela é preparada na hora e servida ainda quente em uma tigela com azeite californiano; a massa seca é proveniente do Raffetto's, uma loja próxima, na ativa desde 1906.

URBANA E PASTORIL
N° 345
AMO NY

250 Mulberry ST
NY, NY 10012

➔ Torrisi Italian Specialties

URBANA E PASTORIL
N° 347
AMO NY

Union Square
NY, NY 10002

↑ Union Square Greenmarket

URBANA E PASTORIL
N° 349
AMO NY

Union Square
NY, NY 10002

UNION SQUARE GREENMARKET

Estabelecido em 1976, o maior mercado de produtores da cidade conecta mais de 100 produtores de 3 estados a dezenas de milhares de compradores, 4 vezes por semana. A apresentação é variada e aromática. No verão, barracas como a Berried Treasures exibem morangos Tristar e tomates-cereja Sungold. No frio do outono e do inverno, caixas se sobrepõem com raízes doces e com as fantásticas maçãs da região — Macoun, Honey Crisp e outras —, que estão à venda por quilo e como cidra quente com especiarias, por copo.

↑ Union Square Greenmarket

URBANA E PASTORIL
N° 351
AMO NY

Union Square
NY, NY 10002

➜ Union Square Greenmarket

CAPI
TAL
DO
MUNDO

AREPAS CAFÉ

As arepas venezuelanas são deliciosas tortas de farinha de milho recheadas. As massas, nesse estabelecimento familiar sul-americano no Queens, saem douradas da grelha. Carne de porco assada com abacate e queijo branco triturado formam um excelente recheio. A Arepa Pabellon, com carne moída, feijões pretos e queijo branco também leva bananas doces fritas, cujo aroma se espalha discretamente pelo ambiente levemente esfumaçado.

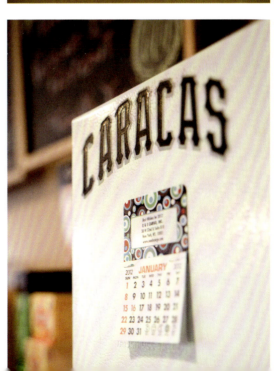

CAPITAL DO MUNDO · N° 355 · AMO NY

33-07 36th AV
Astoria, NY 11106

→ Arepas Café

CAPITAL DO MUNDO
N° 357
AMO NY

80 Spring ST
NY, NY 10012

→ Balthazar

BALTHAZAR

Espelhos graciosamente patinados refletem torres de frutos do mar cercadas pela aglomeração; banquetas de couro bordô com estrutura de trilhos em latão se comprimem como assentos preciosos do metrô; um frango dourado, assado para dois e cercado de pequenos vegetais amorenados, chega à mesa. Keith McNally conduz essa orquestra, uma *brasserie* parisiense sob uma lente nova-iorquina. Até os sons ressoam, como McNally certamente planejou, estimulando o público no salão e as pessoas bebericando um bom vinho francês no bar. A pequena padaria ao lado vende pães excelentes e recheia sanduíches e massas para viagem para os francófilos.

CAPITAL DO MUNDO
N° 359
AMO NY

80 Spring ST
NY, NY 10012

→ Balthazar

CAPITAL DO MUNDO
N° 361
AMO NY

198 Grand ST
NY, NY 10003

→ Bánh Mì Saigon

BÁNH MÌ SAIGON

Essa lanchonete vietnamita permanece como espaço imaculadamente livre, exceto por um balcão de venda de joias na entrada. Mas ninguém compra jades quando há um almoço barato a apenas alguns passos. Na linha de montagem do Bánh Mì, uma equipe ágil recheia filões crocantes de 30 cm com pedaços de cenoura doce em picles, rabanete *daikon*, tiras de pepino e uma bela seleção de recheios. Além das opções clássicas de patê de carne de porco e frios, um recheio vegetariano especial chamado Buddhist leva cogumelos salteados, tofu e minimilho. Cada monstro desses vem embalado em um saco de papel. Desembrulhar o sanduíche mordida a mordida evita que você derrube pedaços no estreito balcão em que os clientes comem.

CAPITAL DO MUNDO
N° 363
AMO NY

198 Grand ST
NY, NY 10003

→ Bánh Mì Saigon

CAPITAL DO MUNDO
N° 365
AMO NY

60 West 55th ST
NY, NY 10019

→ Benoit

BENOIT

Benoit compartilha seu espírito com o Paris original, que foi fundado em 1912 e vem preservando as tradições do bistrô há mais de 100 anos. O *chef* Philippe Bertineau atua como um embaixador em Nova York, misturando pratos autênticos, como *quenelles* de lúcio e *cassoulet* com novas tradições, incluindo o Caldeirão, um cozido de vegetais da estação. O bar é um ótimo local para pedir pequenos petiscos, como a brandada de bacalhau e um sanduíche de maionese e pasta de ovos — apenas um, se você quiser. Os amantes da confeitaria francesa sempre encontrarão algo pelo que ansiar: a torta da casa muda todos os meses.

CAPITAL DO MUNDO
N° 369
AMO NY

60 West 55th ST
NY, NY 10019

→ Benoit

CAPITAL DO MUNDO
N° 371
AMO NY

113 Jane ST
NY, NY 10012

→ Café Gitane

CAFÉ GITANE

O Jane Hotel já abrigou marinheiros, incluindo os sobreviventes do Titanic, em 1912. Hoje, jovem e estiloso, o hotel ostenta uma arejada cantina franco-marroquina, cujas janelas ainda revelam os navios do Hudson. Garçonetes vestindo túnicas verdes depositam saladas de truta defumada, torres de cuscuz e torradas cobertas com abacate e flocos de pimenta. No fluxo e refluxo da cena durante o serviço do dia a dia, o ambiente muda conforme o charme da equipe ou dos clientes.

CAPITAL DO MUNDO
N° 373
AMO NY

113 Jane ST
NY, NY 10012

→ Café Gitane

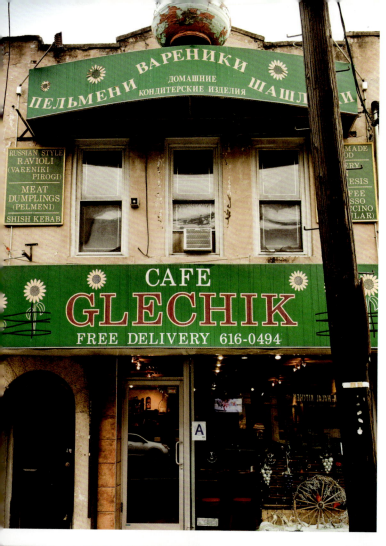

CAFÉ GLECHIK

O Leste Europeu ainda reina em Brighton Beach. Tatiana vai seduzi-lo com a dança, a vodca e a comida russa. Para montes de bolinhos de massa amanteigados, há o ucraniano Glechik. Duas variedades incluem *pelmeni*: trouxas de massa fina, e os fartos *vareniki*, com recheios que vão do repolho à vitela. Corte o tempero de maneira clássica, com vodca BYO.

CAPITAL DO MUNDO
N° 375
AMO NY

3159 Coney Island AV
Brooklyn, NY 11235

→ Café Glechik

CAPITAL DO MUNDO · N° 377 · AMO NY

604 East 187th ST
NY, NY 10458

→ Casa Della Mozzarella

CASA DELLA MOZZARELLA

Saindo da Arthur Avenue — a Little Italy do Brooklyn — essa loja de laticínios do Velho Mundo é especializada em muçarela *fior di latte* (leite de vaca), feita regularmente, durante todo o dia. As variedades vêm em bolas pequenas ou grandes ou em *scamorza* defumada. Dá vontade de comer imediatamente queijos tão frescos, tão maravilhosamente macios e perfumados. Felizmente, o balcão da loja faz sanduíches no local com frios italianos e pães da Addeo Bakery, ali perto.

CAPITAL DO MUNDO
N° 379
AMO NY

604 East 187th ST
NY, NY 10458

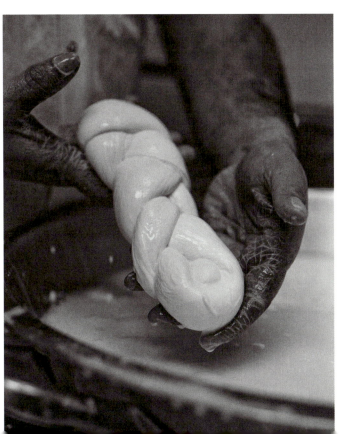

→ Casa Della Mozzarella

CAPITAL DO MUNDO
N° 381
AMO NY

55 West 35th ST
NY, NY 10001

→ Cho Dang Gol

CHO DANG GOL

Logo depois do Korea Way de Manhattan — onde grelhados e bares de *karaoke* percorrem a rua 32 em direção à barulhenta Herald Square —, Cho Dang Gol se sobressai com uma cerimônia mais delicada. Ao passo que os antros de churrasco coreano oferecem carne com um gostinho de perigo enquanto você bebe e se esquiva do carvão incandescente, aqui o tofu artesanal adquire seu calor da forte pimenta em ensopados tradicionais. A sedosa soja se separa com o toque da colher em uma tigela de cerâmica.

CAPITAL DO MUNDO
N° 383
AMO NY

55 West 35th ST
NY, NY 10001

→ Cho Dang Gol

CAPITAL DO MUNDO

N° 385

AMO NY

299 Bowery
NY, NY 10023

→ DBGB Kitchen & Bar

CAPITAL DO MUNDO
N° 387
AMO NY

299 Bowery
NY, NY 10023

DBGB KITCHEN & BAR

«Hambúrgueres, salsichas e cerveja são a marca do casual, em oposição à pompa da *uptown*. Percebi que em qualquer lugar do mundo para onde você viaje, há sempre linguiças incríveis a descobrir. Fazemos uma *andouille* da Luisiana com quiabo. O *merguez* com espinafre refogado com limão e hortelã carrega os sabores rústicos e ainda exóticos da Tunísia. Aos domingos, gosto da combinação porco vermont com queijo *cheddar* fundido no recheio, servido com *macaire de pommes de terre* (bolinhos crocantes de batata), creme fresco e ovos fritos. O bar foca nas microcervejarias; temos 22 tipos de cerveja na pressão.» Daniel Boulud»

↑ DBGB Kitchen & Bar

CAPITAL DO MUNDO
N° 389
AMO NY

408 Broome ST
NY, NY 10013

↑ Despaña

DESPAÑA

O touro na parede, conhecido como Pepe, veio de Málaga. Azulejos artesanais de Valência demarcam o perímetro. Você está no local certo para pedir um presunto ibérico fatiado, mais de 50 tipos de queijos (do Manchego ao Garrotxa Catalão), e churros prontos para o forno vindos diretamente de Madri. Os proprietários Angelica e Marcos Intriago ainda comandam a fábrica Despaña Brand Foods, que produz chouriço no Queens desde 1971, mas o casal expandiu suas operações no atacado desde que assumiu a fábrica dos fundadores. Essa elegante loja *gourmet* exibe cerca de 400 produtos importados da Espanha. As maravilhas que podem ser consumidas no local incluem *tortilla*, *tapas* e *bocadillos* (sanduíches) no pão *ciabatta* local. O Picante combina chouriço caseiro, queijo Mahon, tomates, pimentas bascas e aïoli e é prensado na grelha. Você pode pedir vinho aqui ou comprar uma garrafa na butique ao lado, que também pertence ao casal.

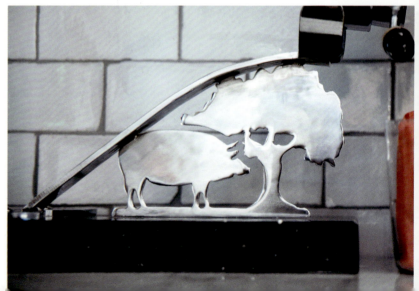

CAPITAL DO MUNDO
Nº 391
AMO NY

408 Broome ST
NY, NY 10013

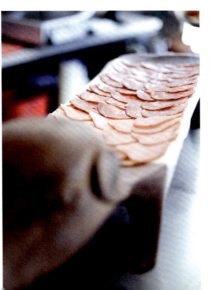

➔ Despaña

CAPITAL DO MUNDO
N° 393
AMO NY

200 Fifth AV
NY, NY 10010

→ Eataly

EATALY

Abrangendo mais de 3.700 m², esse empório de comida italiana impressiona, com mais de 12 locais para comer, incluindo um bar de antepastos vegetais, uma pizzaria, um restaurante especializado em carnes chamado Manzo e um jardim-cevejaria no topo das instalações, que conta com uma microcervejaria independente. Os mentores do Del Posto — Mario Batali, Joe Bastianich e Lidia Bastianich — formaram uma parceria com o fundador do Eataly Turin, Oscar Farinetti, para o surpreendente projeto. Entre as barracas de comida, os degustadores param para uma muçarela, uma *focaccia* fresca ou frutos do mar da peixaria, entre outras tentações de varejo. Um quitandeiro vai, até, cortar as suas alcachofras.

N° 395

CAPITAL DO MUNDO — AMO NY

200 Fifth AV NY, NY 10010

→ Eataly

CAPITAL DO MUNDO
N° 397
AMO NY

102 AV C
NY, NY 10003

→ Edi & the Wolf

EDI & THE WOLF

Alguns dos elementos mais descolados que caracterizam um bar de vinhos austríaco: botas recheadas de flores, uma luminária de cartola e laços de corda dignos de piratas. Peter Pan iria adorar esse lugar — se ele gostasse do Riesling de Wachau. Os sócios-*chefs* Eduard "Edi" Frauneder e Wolfgang Ban equilibram o humor com pratos modernos, como salmonídeo do ártico curado e Schlutzkrapfen, ravióli de queijo da montanha austríaco. Há também uma excelente carne de porco tradicional Wiener schnitzel com geleia de mirtilo vermelho.

CAPITAL DO MUNDO
N° 399
AMO NY

102 AV C
NY, NY 10003

→ Edi & the Wolf

CAPITAL DO MUNDO
Nº 401
AMO NY

120 Essex ST
NY, NY 10002

→ Essex Street Market

ESSEX STREET MARKET

Desde sua inauguração em 1940, esse mercado teve diferentes inquilinos, de antigos vendedores judeus e italianos a barracas latino-americanas que hoje vendem frutas tropicais, pimentas secas e bacalhau. O Lower Eastside Girls Club armazena granola e *cookies* no La Tiendita, como parte de um programa de formação profissional. O balcão de lanches do Shopsin carrega a fama da rabugice do proprietário Kenny Shopsin e serve centenas de itens do menu de petiscos e excentricidades. O queijo Saxelby já converteu muitos clientes ao queijo americano. Um ponto alto do mercado, o balcão de Anne Saxelby, fornece os melhores queijos artesanais do país, do Tomme de leite de cabra cru feito em Vermont, pela Twig Farm, ao Queijo Azul de ovelha da empresa Old Chatham Sheepherding de Nova York.

CAPITAL DO MUNDO
N° 403
AMO NY

120 Essex ST
NY, NY 10002

➜ **Essex Street Market**

CAPITAL DO MUNDO
N° 405
AMO NY

120 Essex ST
NY, NY 10002

→ Essex Street Market, Saxelby Cheesemongers

CAPITAL DO MUNDO
N° 407
AMO NY

120 Essex ST
NY, NY 10002

→ Essex Street Market, Saxelby Cheesemongers

SAXELBY CHEESEMONGERS

CAPITAL DO MUNDO
N° 409
AMO NY

125 West 55th ST
NY, NY 10019

→ Estiatorio Milos

ESTIATORIO MILOS

Um panegírico grego aos frutos do mar, o Milos apresenta um estudo em branco. Pé-direito alto e cortinas transparentes fornecem um pano de fundo minimalista para o peixe fresco sobre o gelo no centro do salão, como em um santuário. Compreende-se que as importações, como o selvagem peixe-lobo, precisam apenas ser grelhadas com um pouco de azeite de oliva e limão. O iogurte de leite de cabra forma a melhor sobremesa, com um toque de mel de flor de tomilho da ilha de Citera.

CAPITAL DO MUNDO
Nº 411
AMO NY

125 West 55th ST
NY, NY 10019

➔ Estiatorio Milos

CAPITAL DO MUNDO

Nº 413

AMO NY

643 Hudson ST
NY, NY 10014

→ **Fatty Crab**

FATTY CRAB

Zak Pelaccio e sua carinhosamente chamada «Equipe Gordinha» trazem poderosos sabores malaios em pequenos pratos de cozimento rápido. A atmosfera viva, barulhenta e apertada do Crab original do centro da cidade ecoa a intensidade da comida. Barriga de porco caramelizada caindo sobre cubos de melancia em picles temperados com limão, gengibre e manjericão tailandês em meio a uma miríade de ingredientes agridoces do sudeste asiático. Tendo vivido em Kuala Lumpur, Pelaccio honra a famosa comida de rua da capital com asas de frango Jalan Alor com molhos de peixe e soja, especiarias, melado e funcho. A criação caranguejo com chili enche uma tigela inteira, como um adolescente em uma piscina para crianças.

CAPITAL DO MUNDO
Nº 415
AMO NY

643 Hudson ST
NY, NY 10014

→ Fatty Crab

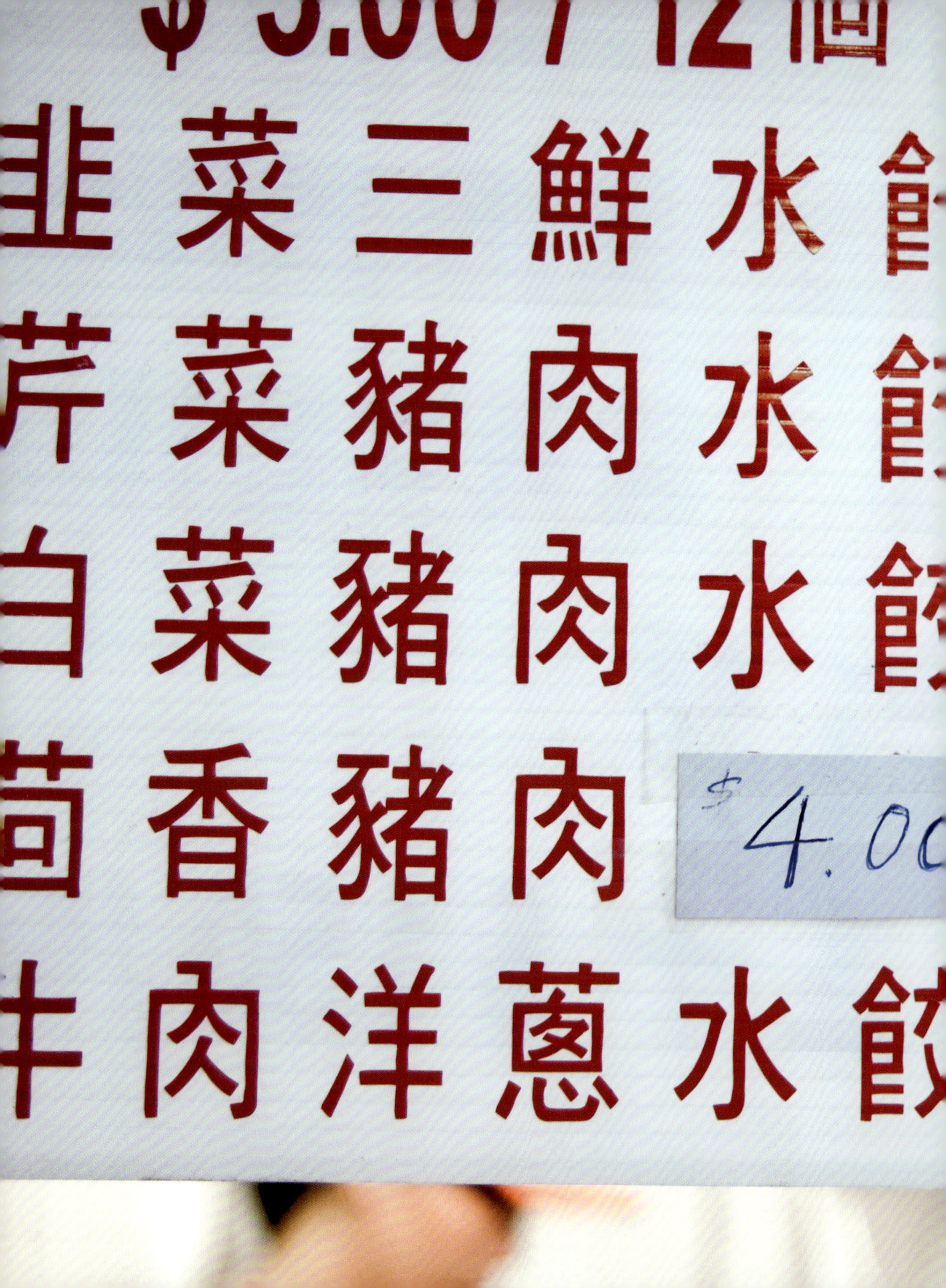

$5.00 / 12個

韭菜三鮮水餃

芹菜豬肉水餃

白菜豬肉水餃

茴香豬肉　　$4.00

牛肉洋蔥水餃

芹菜豬肉水

白菜豬肉水

牛肉洋蔥水

$ 12.00 / 50

韭菜三鮮水

茴香豬肉

CAPITAL DO MUNDO
N° 417
AMO NY

41-28 Main ST
Flushing, NY 11355

↑ Golden Mall

GOLDEN MALL

Há coisas ótimas para comer no nível da rua na afluente Chinatown — panquecas de cebolinha francesa estufadas fritando em uma chapa, pedaços de carne de porco no vapor dentro de cestas —, mas ainda se veem as farmácias e bancos americanos. Desça um lance de escadas para o nível inferior do Golden Mall e você será transportado para um pequeno labirinto de vendedores chineses regionais. No Xi'an Famous Foods, uma mulher estica massa para lamens cobertos com cordeiro perfumado com cominho. Do outro lado, no Lanzhou Handmade Noodles, famílias comem sopa em uma longa mesa. O Xie's Family Dishes vende uma dúzia de suculentos bolinhos de massa recheados com carne de porco, camarão e cebolinha por US$ 3 o prato.

蘭州拉麵
Lan Zhou Pulled Noodle

牛肉拉面（刀削面）	$5.00	
牛筋拉面（刀削面）	$6.00	
牛尾拉面（刀削面）	$6.00	
牛筋拉面（刀削面）	$5.50	
牛鞭拉面（刀削面）	$6.00	
海鮮拉面（刀削面）	$6.00	
蔬菜拉面（刀削面）	$4.50	
羊肉拉面（刀削面）	$6.00	
鳝鱼拉面（刀削面）	$8.50	
鱼丸拉面（刀削面）	$5.00	
水餃拉面（刀削面）	$5.00	

12. WONTON PULLED NOODLE
13. ROAST DUCK PULLED NOODLE
14. STEWED PULLED NOODLE
15. OX TRIPE PULLED NOODLE
16. BEEF INTESTINE PULLED NOODLE
17. PORK INTESTINE PULLED NOODLE
18. TUBE BONE PULLED NOODLE
19. PORK MEAT SAUCE PULLED NOODLE
20. CALM PULLED NOODLE
21. HOUSE SPECIAL HAND PULLED NOODLE
22. HOUSE COLD HAND PULLED NOODLE

刀削麵
SLICED NOODLE

混沌拉面（刀削面）	$5.00
烤鸭拉面（刀削面）	$5.00
排骨拉面（刀削面）	$5.50
牛百叶拉面（刀削面）	$5.50
牛肚拉面（刀削面）	$5.50
大腸拉面（刀削面）	$6.00
筒骨拉面（刀削面）	$5.00
炸醬拉面（刀削面）	$5.00
海瓜子拉面（刀削面）	$6.00
奔楼拉面（刀削面）	$6.50
蘭州凉面（刀削面）	$3.50

1. SQUID STICK
2. BEEF STICK
3. LAMB STICK
4. CHICKEN ST
5. CHICKEN W
6. CHICKEN
7. FISH BALL
8. MUSHROO
9. TOFU STICK
10. CHICKEN HEAR
11. VEGETABLE STIC

CAPITAL DO MUNDO
AMO NY
N° 419

41-28 Main ST
Flushing, NY 11355

→ Golden Mall

CAPITAL DO MUNDO
N° 421
AMO NY

21 Bedford ST
NY, NY 10014

→ 'Ino

CAPITAL DO MUNDO
N° 423
AMO NY

21 Bedford ST
NY, NY 10014

'INO

O diminutivo «ino», abreviação de panino, combina com o espaço reduzido e o menu focado. O proprietário Jason Denton se detém em combinações harmoniosas sobre ou entre pães: *bruschetta* com queijo de cabra e folhas de erva doce; *tramezzini*, como *pancetta* com tomates assados no forno, rúcula e maionese com limão; e os sanduíches prensados homônimos. A extravagante torrada de ovos trufados — uma fatia grossa de clara fazendo uma cama para uma gema mole, coberta com queijo fontina e óleo de trufas — continua um pedido digno de súplica para o café da manhã, até as duas da manhã.

↑ 'Ino

CAPITAL DO MUNDO
N° 425
AMO NY

25-12 Steinway ST
Astoria, NY 11103

→ Kabab Café

KABAB CAFÉ

Comandando três queimadores, um forno de convexão e cerca de 30 temperos, Ali El canaliza sua cidade natal, Alexandria, no Egito. Ele lhe dirá que sua mãe e seu pai eram cozinheiros, assim como sua avó. Seu irmão, Moustafa, comanda o Mombar, uma casa maior logo ali no quarteirão. Não há menus. El Sayed começa com uma pergunta — «vegetais, carne ou peixe?» — e fala sobre o que cozinhará para você. De algumas panelas tilintantes podem sair bochechas de cordeiro cozidas em fogo brando, em molho de tomate, ou um prato vegetariano de *baba ghanoush* com berinjela defumada, homus e falafeis ovais, perfumados com 18 ingredientes, de sementes de cominho a pimenta jamaicana. O prato completo recebe uma pitada de sumagre e *za'atar*, um tempero do oriente médio misturado com o que El Sayed chama de «o Chanel nº 5 da cozinha egípcia». Mesmo que você não tenha pedido um falafel, ele pode lhe servir um enquanto você espera.

CAPITAL DO MUNDO
N° 427
AMO NY

25-12 Steinway ST
Astoria, NY 11103

➔ Kabab Café

CAPITAL DO MUNDO
N° 429
AMO NY

414 East 9th ST
NY, NY 10003

→ Kajitsu

**CAPITAL DO MUNDO
Nº 431
AMO NY**

414 East 9th ST
NY, NY 10003

KAJITSU

O primeiro prato lembra a terrine de vegetais do outono servida na semana anterior, mas com menos couve romanesca e um toque mais forte de suco de laranja. As cores mudaram com o avanço do outono. O foco de Kajitsu é a cozinha Shojin, uma forma vegetariana da kaiseki japonesa, desenvolvida originalmente por monges budistas. Em outra tigela, o tempurá de cogumelos *matsutake* sobre berinjela macia emerge como uma flor na sopa missô vermelha. Esses sabores são efêmeros; é difícil dizer o que será preparado no próximo mês.

↑ Kajitsu

CAPITAL DO MUNDO
N° 433
AMO NY

123 Lexington AV
NY, NY 10016

→ Kalustyan's

CAPITAL DO MUNDO
N° 435
AMO NY

123 Lexington AV
NY, NY 10016

KALUSTYAN'S

Criada como uma loja de especialidades da comida indiana em 1944, esse pequeno mercado de especiarias hoje oferece milhares de mercadorias secas, incluindo temperos (do bérbere etíope ao *za'atar* jordaniano), grãos, xaropes e itens em conserva. Há uma extensa seleção de tipos de sais, do sal de montanha rosa do himalaia à flor de sal de Guérande. Com cada corredor amontoado de coisinhas dedicadas a adicionar sabor aos alimentos, o Kalustyan's é uma aposta certa para encontrar ingredientes raros.

➡ Kalustyan's

KESTÉ PIZZA & VINO

O pizzaiolo Roberto Caporuscio traz a exuberância napolitana a esse local e a seus discos. O orgulhoso presidente da seção americana da associação comercial Associazione Pizzaiuoli Napoletani amassa e dá forma às massas, recobre-as com tomates San Marzano e muçarela de búfala e assa as pizzas rapidamente em um forno construído por especialistas de Nápoles. O que sai dali, com as desejáveis bolhas de ar, prova que a perfeição geralmente aparece no nível mais elementar.

CAPITAL DO MUNDO
N° 437
AMO NY

271 Bleecker ST
NY, NY 10014

→ Kesté Pizza & Vino

CAPITAL DO MUNDO N° 441 **AMO NY**

469 Sixth AV
NY, NY 10011

KIN SHOP

Depois de apenas duas viagens reveladoras à Tailândia, Harold Dieterle, natural de Nova York, inaugurou um pequeno restaurante de comida tailandesa com sua sócia, Alicia Nosenzo. Em um espaço casual, com bancadas de açougueiro e toques de verde aveludado, ele exalta a comida do sudeste asiático. Dieterle mistura pastas de *curry* na cozinha aberta para pratos como o pescoço de cabra *massaman*. Frita ostras por imersão para uma radiante salada com pedaços grossos de *bacon* e fatia peitos de pato com pele crocante para embrulhar em discos de pão roti *folheados*. O revestimento distorce o oriente, assim como a sobremesa principal: um *float* de cerveja de raízes com sorvete *galangal*.

→ Kin Shop

↑ La Esquina

LA ESQUINA

Essa esquina do Soho apresenta a comida de rua mexicana de três maneiras. Do balcão da *taqueria* saem *tacos simples*, como o *mahi-mahi* com salsa verde. Ao lado da mesa de molho picante, um segurança guarda uma porta onde se lê «somente funcionários», mas que esconde o acesso a uma *brasserie sexy*, com cara de masmorra e com um menu expandido. Virando a esquina, os frequentadores vão a um café casual. O menu expandido do mestre artesão Akhtar Nawab, no andar inferior, conta com *tacos carnitas* com carne de porco caramelizada e um purê natural de *huitlacoche*, um fungo reverenciado no México, semelhante a um cogumelo. Nawab também comanda o Williamsburg, local onde os pratos podem incluir camarões maias grelhados em um complexo caldo inspirado no *pozole*. A isca *hipster* constante em todos os restaurantes: milho grelhado coberto com maionese e queijo ralado.

CAPITAL DO MUNDO
N° 445
AMO NY

114 Kenmare ST
NY, NY 10012

→ La Esquina

CAPITAL DO MUNDO
N° 447
AMO NY

1008 2nd AV
NY, NY 10022

→ La Mangeoire

LA MANGEOIRE

«Minha mãe costumava cozinhar para Alain Ducasse quando ele era um *chef* muito jovem», rememora o proprietário Gerard Donato, cujo pai era *maître* quando Ducasse recebeu sua segunda estrela do guia Michelin no Juana Hotel no sul da França. Donato seguiu o ramo da família e abriu seu bistrô de bairro em 1976. A mudança veio em 2009, quando o *chef* de alta gastronomia Christian Delouvrier decidiu que queria cozinhar comida regional. Delouvrier aprofunda-se em pratos como frango assado sobre batatas fritas recém-cortadas, sopa de cebola coroada com queijo Gruyère e *escargot* com *confit* de tomate com alho. «Cedo ou tarde você fica com vontade de fazer um lugar como esse», comenta Delouvrier. "Fazemos coisas que gostamos de comer".

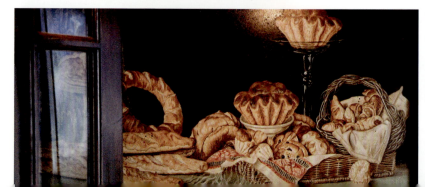

CAPITAL DO MUNDO
Nº 449
AMO NY

1008 2nd AV
NY, NY 10022

→ La Mangeoire

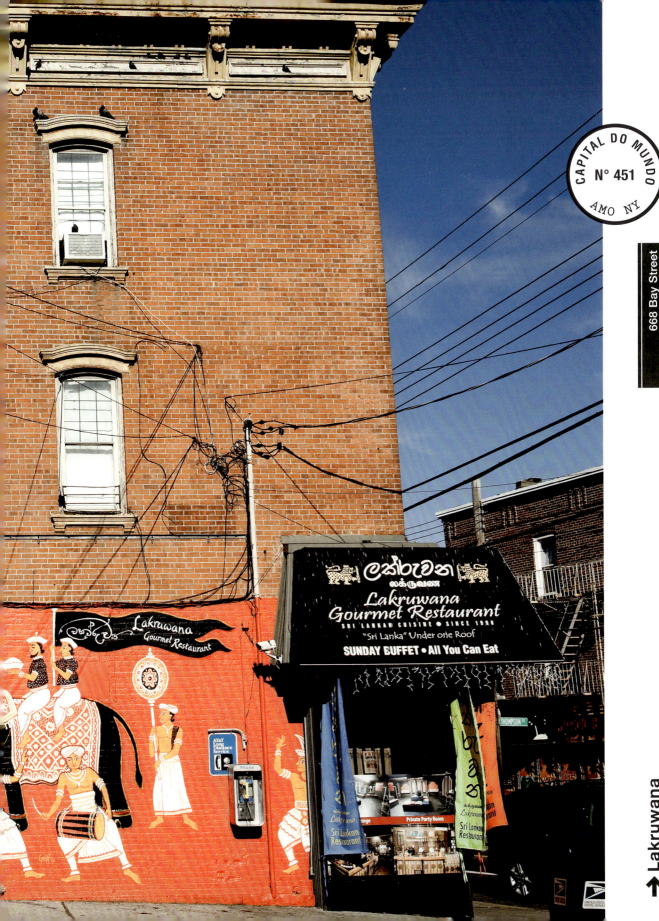

LAKRUWANA

A um passeio de balsa partindo da ponta de Manhattan, Staten Island possui um ar mais residencial, e tem atraído uma onda de imigrantes do Sri Lanka, incluindo o casal de *restaurateurs* Lakruwana e Jayantha Wijesinghe. Eles encheram a sala com máscaras tradicionais feitas para espantar o mal, e uma pequena tela plana acima da porta transmite uma sequência de vídeo, do tipo para turistas, com pessoas montando em elefantes na floresta. Na cozinha, Jayantha prepara pratos como a appa, uma panqueca de farinha de arroz aerada em forma de tigela servida com *curry*. O especial da casa, o *lamprais*, é um maço de folhas de bananeira recheado com arroz *basmati*, *curry* de banana, cajus tostados e pedaços de ovo cozido.

CAPITAL DO MUNDO
N° 453
AMO NY

668 Bay Street
Staten Island, NY 10304

➤ Lakruwana

CAPITAL DO MUNDO · N° 455 · AMO NY

3763 76th ST
Jackson Heights, NY 11372

→ Lali Guras

CAPITAL DO MUNDO
N° 457
AMO NY

3763 76th ST
Jackson Heights, NY 11372

LALI GURAS

Você avistará flores fúcsia na cobertura e no interior. Os *lali gurans* são rododendros, a flor nacional do Nepal. Siga o sinal floral para um cardápio revestido de plástico listando os «momos» ao lado da registradora. Os bolinhos do himalaia são recheados com carne vermelha ou frango e perfumados com cebolas, alho e cominho. Quando os pratos de isopor chegam às mesas apertadas, todos cobrem as peles enrugadas e mastigáveis com molhos picantes e de gergelim, antes de abri-las com os garfos de plástico. Os *thalis* vegetarianos chegam em bandejas redondas de metal com pequenos compartimentos de *curry* e *daal* perfumados. Embora alguns clientes comam com as mãos, você não receberá olhares estranhos se usar uma colher. Se você tiver sorte, alguém sairá da cozinha com porções extras de arroz.

↑ Lali Guras

CAPITAL DO MUNDO
N° 459
AMO NY

764 Amsterdam AV
NY, NY 10025

→ Malecon

MALECON

A bandeira dominicana pode ser branca, vermelha e azul, mas aqui la *bandera* é arroz, feijão e frango de rotisseria. O Malecon serve pratos caribenhos como o *mofongo* (plátanos verdes amassados e fritos e *asopado* (arroz ensopado), mas os pássaros brilhantes girando na vitrine justificam pedir metade ou um quarto da especialidade da casa. Acrescente alguns *maduros* caramelizados — plátanos doces — como um acompanhamento extra.

CAPITAL DO MUNDO
N° 461
AMO NY

764 Amsterdam AV
NY, NY 10025

➜ Malecon

CAPITAL DO MUNDO
N° 463
AMO NY

304 East 6th ST
NY, NY 10003

➜ Mayahuel

MAYAHUEL

Em uma pausa bem-vinda da mania do *speakeasy* (bares ilegais da época da Lei Seca), os parceiros Philip Ward, Ravi Derossi e Justin Shapiro criaram um templo da tequila e do mescal. A lista de Ward aborda 70 coquetéis, como o ácido Smoked Palomino, com toranja fresca, cereja, mescal e limão. Um Suro-Mago combina tequila com flor de sabugueiro e *bitters* de laranja. Batizado com o nome da deusa asteca da planta *maguei* (uma espécie de agave), o espaço contém azulejos mexicanos, vitrais coloridos, velas e arcos suficientes para informar que esse é um lugar sagrado.

CAPITAL DO MUNDO
N° 465
AMO NY

304 East 6th ST
NY, NY 10003

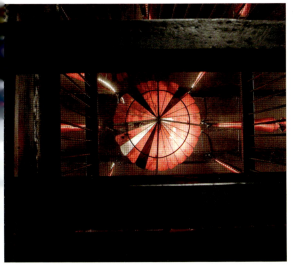

→ Mayahuel

CAPITAL DO MUNDO
N° 467
AMO NY

88 Tenth AV
NY, NY 10011

→ Morimoto

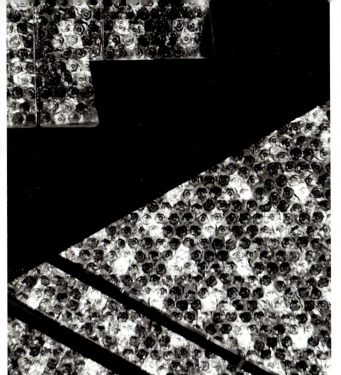

CAPITAL DO MUNDO
AMO NY
N° 469

88 Tenth AV
NY, NY 10011

MORIMOTO

O Iron Chef Masaharu Morimoto e seu sócio Stephen Starr contrataram um dos arquitetos modernos mais importantes do mundo, Tadao Ando, para projetar esse espaço de 1.115 m^2 na borda oeste do Chelsea Market. Morimoto fez apenas algumas exigências, incluindo um palco para o *sushi bar* e o uso limitado das cores. Ando respondeu com uma plataforma de madeira iluminada para os *chefs* cortarem o peixe importado e um teto de gesso creme que faz referência à areia de um jardim zen e parece possuir pregas como uma cortina. O treinamento dos *chefs* deve ser centrado no Japão, mas ele acolhe influências externas, combinando *sashimi* com muçarela de búfala e pato assado com um *croissant de fois gras*. Seus restaurantes na Índia influenciaram o picante Angry Chicken, condimentado com *garam masala*, cominho, cardamomo e molho apimentado.

↑ Morimoto

↑ N.Y. Dosas

Washington Square Park, South side
NY, NY 10012

CAPITAL DO MUNDO
N° 471
AMO NY

N.Y. DOSAS

Há algo mais nas comidas de rua além do que *pretzels* farinhentos e carrinhos de frango cortado. Alguns vendedores famosos, como a mulher da arepa, materializam-se nas esquinas fora do burgo apenas depois de algumas horas da noite. Caminhões itinerantes vendem de tudo, de *schnitzel* (Schnitzel & Things) a sorvetes *soft* cobertos com doce de leite (o Big Gay Ice Cream Truck). Thiru Kumar vendeu *dosas* vegetarianas em seu ponto por mais de uma década, todas as tardes, exceto domingo. Os estudantes da New York University e os clientes fiéis vindos do Greenwich Village fazem uma parada para o Pondicherry Masala, um crepe fresco com vegetais e batatas ao *curry*. Não é por acaso que ele escolheu esse local: os clientes podem se sentar para comer no agitado Washington Square Park.

CAPITAL DO MUNDO
N° 473
AMO NY

Washington Square Park, South side
NY, NY 10012

↑ N.Y. Dosas

CAPITAL DO MUNDO
N° 475
AMO NY

123 Second AV
NY, NY 10003

↑ Pommes Frites

CAPITAL DO MUNDO N° 477 AMO NY

123 Second AV
NY, NY 10003

POMMES FRITES

Essa aberração rústica com inspirações belgas surge em uma movimentada avenida, no East Village, com uma especialização sedutora: batatas fritas e uma vasta variedade de molhos frescos. Você se maravilha diante da diversa seleção, enquanto um atendente, atrás do balcão, solta cortes grosseiros de batatas em uma mistura de óleo de milho e de girassol. Os palitos ricos em amido são fritos em graus variados, de macios e dourados a marrons e crocantes. Aqueles que não levam seus cones de papel com as fritas podem requisitar uma mesa nos fundos para mergulhar com calma as batatas no molho. *Ketchup*, vinagre e «maionese europeia» são gratuitos, mas vale a pena pagar US$ 1 para opções suplementares, como rábano cremoso ou *teriaki* de romã agridoce.

→ Pommes Frites

CAPITAL DO MUNDO
N° 479
AMO NY

187 Atlantic AV
Brooklyn, NY 11204

→ Sahadi's

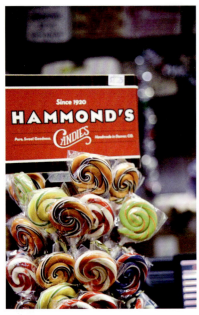

CAPITAL DO MUNDO
N° 481
AMO NY

187 Atlantic AV
Brooklyn, NY 11204

SAHADI'S

Sahadi's traça sua história retornando a um estabelecimento de comidas do Oriente Médio de 1895, em Manhattan. Cinquenta anos depois, o fundador libanês Wade Sahadi estabeleceu-se na localização atual, que ainda é comandada pela mesma família. Pessoas fazendo compras vêm pelas nozes a granel, frutas secas e comidas preparadas, como o *mujadara* (salada de arroz com lentilha). Temperos de todos os tipos incluem raridades como o *mahlab* sírio, derivado do interior de uma semente de cereja. As azeitonas também são motivo de orgulho: «Libanesa, marroquina, verde, preta, lisas ou enrugadas, uma roxa grande, do Chile», lista o sócio Charlie Sahadi. «As pessoas perguntam: 'qual a melhor azeitona'», conta ele. «Se houvesse uma melhor, por que eu precisaria de 36?»

↑ Sahadi's

CAPITAL DO MUNDO
N° 483
AMO NY

211 East 43rd ST
NY, NY 10022

→ Sakagura

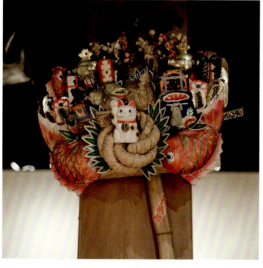

CAPITAL DO MUNDO N° 485 AMO NY

211 East 43rd ST NY, NY 10022

SAKAGURA

Não muito longe do Grand Central Terminal, mais de 200 tipos de saquê estão escondidos nos pisos inferiores de um prédio de escritórios na *midtown*. Nessa cave de bebidas japonesas, um *sommelier* o ajudará a combinar as seleções com petiscos saborosos. Por exemplo, uma omelete com enguia grelhada e caldo de bonito, ou pato assado esfriado em molho de manjericão. Os estilos daiginjo mais caros complementam pratos mais delicados, como *sashimi* de linguado e rabanete *daikon* com cítricos.

➜ Sakagura

CAPITAL DO MUNDO
N° 487
AMO NY

306 East 81st ST
NY, NY 10028

↑ Sandro's

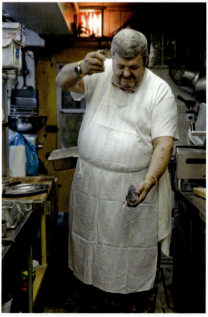

SANDRO'S

À primeira vista, o espaço parece simples. Além dos arranjos de gressinos, há pouca indicação da real comida vibrante romana. O *chef* Sandro Fioriti, uma força da natureza, fornece a atmosfera. Sempre ali com calças malucas, ele entra e sai de súbito da cozinha em intervalos frequentes para fatiar mortadela para rostos familiares, ou até mesmo para anotar pedidos. No passado, ele diz ter lutado boxe como semiprofissional (sob um pseudônimo, para não ser descoberto pela mãe), história verossímil, dada a sua estatura. Fioriti vai levá-lo a suas especialidades, como as alcachofras fritas e crocantes abertas como flores, o *bucatini amatriciana* e, é claro, o *spaghetti al limone*.

CAPITAL DO MUNDO
N° 489
AMO NY

306 East 81st ST
NY, NY 10028

→ Sandro's

CAPITAL DO MUNDO
N° 491
AMO NY

30-07 34th ST
Queens, NY 11103

➜ Seva Indian Cuisine

CAPITAL DO MUNDO
N° 493
AMO NY

30-07 34th ST
Queens, NY 11103

SEVA INDIAN CUISINE

Imediatamente, o garçom traz delicados crocantes de lentilha chamados *papadum* para partir e mergulhar em um molho claro de hortelã e coentro de um poder notável. Enfiados em um pequeno café em Astoria, o casal de proprietários Vinod e o *chef* Charu Sharma tornam os pratos do nordeste da Índia vibrantes, com detalhes como o gengibre fresco sobre o *chana saag* cremoso com espinafre, tomate e grão de bico. O macio *tikka* de frango *tandoori* é aprimorado pelo *raita* de pepino feito na casa.

↑ Seva Indian Cuisine

CAPITAL DO MUNDO · N° 495 · AMO NY

6413 39th AV
Woodside, NY 11377

SRIPRAPHAI

Depois de seguidas reviravoltas como enfermeira e padeira, Sripraphai Tipmanee abriu seu restaurante em 1990 para servir sua comunidade tailandesa local. Considerado o local para uma peregrinação por comida tailandesa, o espaço agitado atrai qualquer pessoa à procura da forte sopa *tom yum* cheia de cogumelos-ostra e lamen bêbado (*drunken noodles*) salteado com tomates, manjericão e chilis tailandeses (a ideia é que beber interrompe a ardência). Lançada com camarão, cebola-roxa, molho de peixe, cajus e mais chili, uma salada singular de agrião frito é motivo de culto entre os *chefs*. O brilho de um jardim de verão aprimora um espaço, sob outras circunstâncias: vazio. Quanto ao nome: «Nunca imaginamos que seria difícil pronunciá-lo porque, na época, 99% de nossos clientes eram tailandeses», comenta o filho de Tipmanee, Lersak. Só para constar, é "see-PRA-pie."

↓ SriPraPhai

CAPITAL DO MUNDO
N° 497
AMO NY

6413 39th AV
Queens, NY 11377

→ Sushi of Gari

CAPITAL DO MUNDO
N° 499
AMO NY

347 West 46th ST
NY, NY 10036

SUSHI OF GARI

Masatoshi "Gari" Sugio trata cada pedaço de *sushi* como um prato completo com frutos do mar, arroz, molhos e condimentos criativos. Ele teve a ideia pela primeira vez observando os clientes exagerando no uso do molho de soja, e esse método deixa o tempero nas mãos do *chef*. Seus *chefs de sushi* podem cobrir o atum com um cremoso purê de tofu ou acrescentar calor à solha amarela com molho *jalapeño*, sempre destacando o peixe.

↳ Sushi of Gari

Taïm

222 Waverly Place
NY, NY 10014

CAPITAL DO MUNDO
N° 501
AMO NY

CAPITAL DO MUNDO N° 503 AMO NY

222 Waverly Place NY, NY 10014

TAÏM

Inspirado por lojas de *falafel* em Tel Aviv, Einat Admony abriu essa diminuta fachada com seu marido, Stefan Nafziger. Os bolinhos de grão-de-bico vêm em três sabores, todos fritos na hora: erva verde, *harissa* apimentado e pimenta vermelha doce assada. Entre as saladas e pastas vegetarianas caseiras, os cozinheiros fazem homus cremoso o dia todo, tabule realçado com salsa e cenouras marroquinas firmes, com alho. Quando você pensar que terminou o *falafel* em seu morno sanduíche no pão *pitta*, ficará feliz em descobrir mais dois escondidos sob as guarnições, na parte de baixo.

→ Taïm

CAPITAL DO MUNDO
Nº 507
AMO NY

359 Sixth AV
NY, NY 10014

TERTULIA

Procurando casas de cidra nas Astúrias, na costa norte da Espanha, Seamus Mullen ficou fascinado com seus muros antigos, reformados ao longo do tempo com diversos materiais. Então ele tratou essa estrutura como uma colagem, quebrando os tijolos para dar espaço à madeira e à pedra. O menu também é lido como um trabalho de retalhos. Há *tapas* e uma grelha a lenha para fazer de tudo, de *paella* a um grande e belo bife com batatas amorenadas. Os queijos e os feijões podem ser das Astúrias, mas a estrutura de cada prato é a obsessão de Mullen com os bons produtos sasonais — uma consequência de sua criação em uma fazenda orgânica em Vermont.

↑ Tertulia

TORTILLERIA NIXTAMAL

Pés de milho brotam em caixas de flor do lado de fora desse café mexicano e fábrica de *tortillas* — a primeira indicação de que algo especial pode acontecer em um local inusitado. Dentro, os proprietários Fernando Ruiz e Shauna Page praticam a, em grande parte perdida, arte da nixtamalização, preparando o verdadeiro milho para usar em *tortillas* e *tamales*. A loja fornece seu principal produto para restaurantes mexicanos bastante conhecidos e também serve comida. Embrulhados em palhas como humildes presentes, os *tamales* liberam um vapor doce e natural quando abertos, e possuem recheios generosos, como queijo e pimenta *poblano*. Os tacos vêm com carnes saborosas, como frango ensopado coberto com molho de abacate. Não é somente o *nixtamal* — tudo é caseiro, incluindo o *chipotle*, o *tomatillo*, as salsas *jalapeño* e a espumante *horchatta* com canela.

CAPITAL DO MUNDO
AMO NY
N° 511

104-05 47th AV
Corona, NY 11368

→ Tortilleria Nixtamal

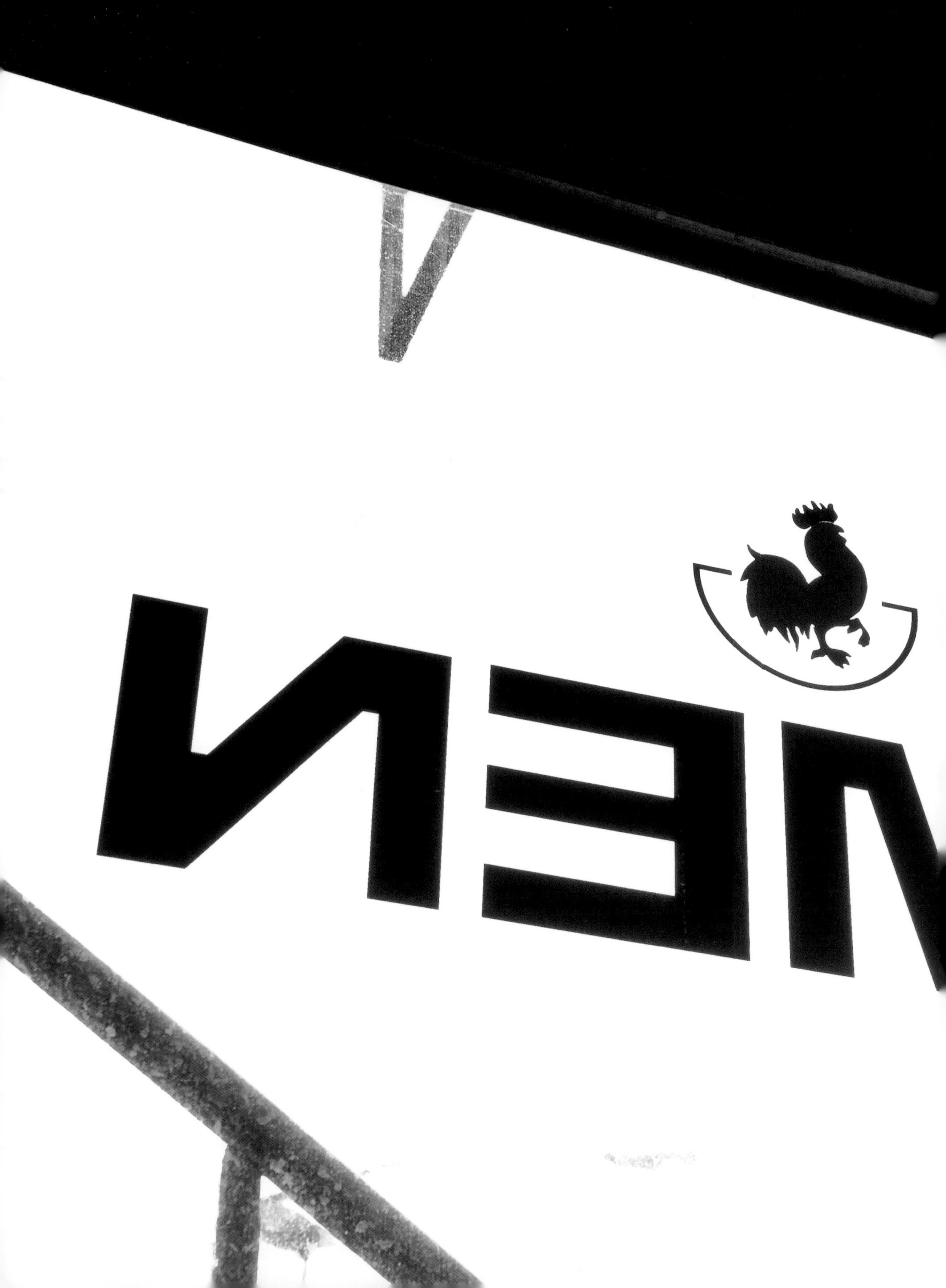

CAPITAL DO MUNDO
N° 513
AMO NY

366 West 52nd ST
NY, NY 10019

→ Totto Ramen

CAPITAL DO MUNDO · N° 515 · AMO NY

366 West 52nd ST
NY, NY 10019

TOTTO RAMEN

Cotovelo a cotovelo, comendo lamen de forma barulhenta. Esse esconderijo *ramen* celebra seu objetivo mais básico. Há pouco mais a oferecer além da rica sopa *paitan* baseada em frango. Apimentada ou não, com uma grande colherada salgada de missô e carne de porco moída, ou coberta pelas clássicas fatias de carne de porco *char siu* (tostada com um maçarico diante de seus olhos). Em uma distinção de casas de *ramen* típicas, vegetais da estação, abacate e pasta *yuzu* dão sabor a uma opção vegetariana: sopa de cogumelo *shitake* e alga *kombu*.

→ Totto Ramen

CAPITAL DO MUNDO
N° 517
AMO NY

144 2nd AV
NY, NY 10003

→ Veselka

VESELKA

O restaurante 24 horas do centro — fundado por um imigrante ucraniano em 1954 para servir à população do leste europeu na área — beneficia-se da atmosfera e da *borscht*. Hoje, estudantes, veteranos e esquisitos da madrugada comem *cheeseburgers*, panquecas de batata, *blintzes* e *pierogis*. Uma das maiores diferenças entre o Veselka e os outros restaurantes do tipo é que os clientes voltam durante as horas de sobriedade para desfrutar da mesma comida, juntamente com a energia duradoura do local.

CAPITAL DO MUNDO
N° 519
AMO NY

144 2nd AV
NY, NY 10003

→ Veselka

CAPITAL DO MUNDO

N° 521

AMO NY

1385 Sixth AV
NY, NY 10019

Zibetto Espresso Bar

ZIBETTO ESPRESSO BAR

Caso haja outras pessoas observando os *cornetti* no bar, você pode ter que se espremer pelas laterais desse estreito café. O proprietário Anastasio Nougos torra o café para o expresso em Bolonha e importa de Bindi doces em miniatura para mergulhar no café, como os pequenos biscoitos recheados de chocolate e amêndoa chamados Baci di Dama. Nougos pode conduzir uma operação bastante italiana, mas aprimorou seu ofício formando-se barista na Suécia.

CAPITAL DO MUNDO · AMO NY · N° 523

1385 Sixth AV
NY, NY 10019

→ **Zibetto Espresso Bar**

VIDA DOCE

VIDA DOCE
N° 527
AMO NY

23-18 31st ST
Astoria, NY 11105

→ Artopolis

ARTOPOLIS

Em um pequeno mercado dedicado aos produtos gregos, o Artopolis faz no mínimo 20 variedades de biscoitos, e montanhas deles ficam a alguns passos da porta. As receitas vêm de donas de casa de toda a Grécia — um projeto que levou três anos para ficar pronto, segundo a sócia Regina Katopodis. Os Kourabiedes ameaçam deixar traços de açúcar de confeiteiro por toda a sua camisa e, entre os biscoitos famosos, está o *moustokouloura* que, primeiro, recebe o sabor do xarope de mosto de uva durante a colheita. Os biscoitos são a atração inicial, mas os padeiros fazem massa filo a partir do zero para espirais de *bougasta* recheadas com creme de ovos. As massas cobertas com mel obtêm a crocância perfeita das várias camadas de manteiga clarificada importada de leite de ovelha.

VIDA DOCE
N° 529
AMO NY

23-18 31st ST
Astoria, NY 11105

→ Artopolis

VIDA DOCE
N° 531
AMO NY

184 Ninth AV
NY, NY 10011

→ Billy's Bakery

BILLY'S BAKERY

O *cupcake* resiste como uma anomalia em tons pastel na dura cidade de Nova York. Essa bomba simples de manteiga, farinha e açúcar incita um alegre espetáculo em todos os lugares em que é encontrada. Muitas compras acontecem em confeitarias com estilo dos anos 1950, como a Billy's, onde *towering ice-boxes* (bolos altos, em que *cookies* de chocolate são intercalados com ganache) e bolos de coco são exibidos em redomas de vidro. Os funcionários serpenteiam ganache sobre Red Velvets e *cupcakes* de banana. O ganache vem com pálidos toques de rosa, amarelo, verde ou azul porque, de alguma maneira, sua cor preferida é sempre a mais gostosa.

VIDA DOCE
N° 533
AMO NY

184 Ninth AV
NY, NY 10011

↑ Billy's Bakery

VIDA DOCE

N° 535

AMO NY

160 Prince ST
NY, NY 10011

➡ Birdbath

VIDA DOCE
N° 537
AMO NY

160 Prince ST
NY, NY 10011

BIRDBATH

A excelente empresa *hippie* derivada da City Bakery funciona a energia eólica e recebe as mercadorias assadas da loja matriz por bicicleta. Para a localidade do Greenwich Village, o proprietário Maury Rubin comprou o espaço da lendária Vesuvio Bakery quando ela fechou, após 89 anos, e salvou a fachada original da loja. Em vez de pães italianos no forno a carvão, os clientes param pelos *muffins* bojudos de gérmen de trigo e framboesa, os *croissants* de *pretzel* assinados pela casa e almoços saudáveis como o Old School Veggie Sandwich com brotos, cenoura ralada e abacate.

↑ Birdbath

VIDA DOCE
N° 539
AMO NY

513 Henry ST
Brooklyn, NY 11231

↑ Brooklyn Farmacy & Soda Fountain

BROOKLYN FARMACY & SODA FOUNTAIN

«Um *poodle* rosa e uma vaca roxa entram em um bar...» — este é o começo (e o fim) de uma piada de *float* de sorvete contada por Peter Freeman, que abriu sua loja de refrescos com a irmã, Gia Giasullo. Com os balcões originais de uma farmácia e um piso de minúsculos azulejos redondos, o projeto evoca o início do século XX, quando as farmácias distinguiam-se com bebidas doces e caseiras. Em uma das criações de Freeman — o xarope de hibisco rosa com água gasosa fresca e sorvete de baunilha Hudson Valley —, as bolhas sobem como o penteado de um *poodle*, daí o nome Poodle Rosa. Ao lado dos básicos cremes de ovos e *sundaes*, os xaropes sazonais revigoram o menu, de forma que a Vaca Roxa, feita com refrigerante de uva Concord, fica disponível somente no outono. Os irmãos preservaram uma peça da história culinária, e sua utopia à moda antiga é mais bem definida por sua clientela: «A qualquer dia você pode encontrar pessoas de 6 a 80 anos, todas no mesmo balcão. Há pessoas nascidas e criadas aqui, e outras que vieram no mês passado, e todas estão achando algo nesse lugar, algo que adoram», diz Freeman.

VIDA DOCE
N° 541
AMO NY

513 Henry ST
Brooklyn, NY 11231

➤ Brooklyn Farmacy & Soda Fountain

VIDA DOCE
N° 543
AMO NY

1048 Fifth AV
NY, NY 10028

→ Café Sabarsky

CAFÉ SABARSKY

Além da tradição austro-germânica, a mansão transformada no Neue Galerie abriga o melhor *strudel* da cidade. Abaixo da dourada Adele Bloch-Bauer, de Gustav Klimt e de peças de decoração da Bauhaus, o café do *chef* Kurt Gutenbrunner nos transporta a uma atmosfera vienense da virada do século, identificada pelas mesas de mármore, bandejas de prata carregando café torrado escuro e arandelas desenhadas pelo celebrado artista Josef Hoffmann. É um local adorável quando a luz do sol entra. A clássica massa de maçã fica em um mostrador tentador junto a outras sobremesas, como uma Klimtort caseira que combina finas camadas de bolo de avelã e uma cobertura de ganache de chocolate preto.

VIDA DOCE
N° 545
AMO NY

1048 Fifth AV
NY, NY 10028

↑ Café Sabarsky

CHELSEA MARKET

Os biscoitos saem desse complexo desde dos anos de 1890, quando a National Biscuit Company (mais tarde conhecida como Nabisco) produzia biscoitos de trigo e, em 1912, as famosas Oreos. Os velhos pisos da fábrica e o tijolo exposto aludem ao passado, mas padarias independentes como a Sarabeth's, com suas geleias de fruta artesanais, e a Amy's Bread, ocupam o espaço atualmente. Nem tudo é doce hoje em dia. A Buon Italia vende massas frescas e secas, farinha de semolina e burrata. A Ronnybrook Milk Ba serve ovos e sanduíches, além dos *shakes*. O Dickson's armazena carnes de animais criados em fazenda, há um mercado de peixes e o Bowery Kitchen Supply equipa *chefs* e amadores com facas e utensílios de cozinha de última hora.

Vida Doce N° 549 AMO NY

Chelsea Market 75 Ninth AV NY, NY 10011

→ Chelsea Market

VIDA DOCE
N° 551
AMO NY

Chelsea Market 75 Ninth AV
NY, NY 10011

→ Chelsea Market, Amy's Bread

AMY'S BREAD

VIDA DOCE
N° 553
AMO NY

Chelsea Market 75 Ninth AV
NY, NY 10011

→ Chelsea Market, Buon Italia

VIDA DOCE
N° 555
AMO NY

Chelsea Market 75 Ninth AV
NY, NY 10011

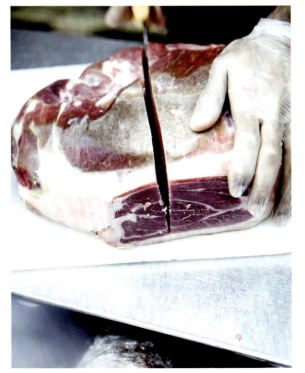

→ Chelsea Market, Buon Italia

BUON ITALIA

VIDA DOCE
N° 557
AMO NY

204 East 10th ST
NY, NY 10003

DESSERT CLUB CHIKALICIOUS

A *chef* confeiteira japonesa Chika Tillman e seu marido Don comandam esse balcão de doçuras como um anexo divertido de seu saboroso bar de sobremesas do outro lado da rua. O saboroso sorvete *soft* de favas de baunilha de Tillman estrela em um *sundae* coberto com pérolas de chocolate, massa filo esfarelada e pistaches salgados. Os *cupcakes* se beneficiam de uma restrição de especialista: o Red Velvet, o de chocolate duplo e o de caramelo salgado vêm com apenas uma colherada do sedoso ganache.

Dessert Club Chikalicious

→ Doughnut Plant

DOUGHNUT PLANT

Um inovador do *doughnut*, Mark Israel faz frutas sazonais cristalizadas, recheia bolos Blackout com creme de chocolate e colocou sua marca registrada no Jelly Filled Square (*doughnut* quadrado com geleia caseira a cada mordida). Seu *doughnut* estufado com *crème brûlée* pode ser o pedido mais popular, mas o local em Chelsea vende uma rosca de farinha de aveia — salpicado com aveia e pedaços de frutas secas — que é uma obra de arte da textura. Se você conseguir tirar os olhos do que sobrou no balcão, você verá formas de *doughnut* em todos os lugares, dos azulejos na parede aos encostos das cadeiras de madeira.

VIDA DOCE
N° 561
AMO NY

220 West 23rd ST
NY, NY 10011

↑ Doughnut Plant

VIDA DOCE
N° 563
AMO NY

108 Rivington ST
NY, NY 10003

→ Economy Candy

VIDA DOCE
N° 565
AMO NY

108 Rivington ST
NY, NY 10003

ECONOMY CANDY

O que começou como uma típica loja de doces baratos em 1937, hoje fornece um retrato da história da confeitaria americana. Aqueles que procuram nostalgia encontram Mallo Cups e as barras de chocolate ao leite Sky Bars, conhecidas por seu recheio compartimentado de caramelo, baunilha, amendoim e *fudge*. Os potes guardam balas de goma, bolas de chiclete a granel e M&M's, divididos de modo que você realmente pode acomodar diferentes cores.

→ Economy Candy

VIDA DOCE
N° 567
AMO NY

439 Third AV
Brooklyn, NY 11215

➜ Four & Twenty Blackbirds

FOUR & TWENTY BLACKBIRDS

«Esse deve ser o lugar para onde as tortas vão quando morrem», informa um letreiro ao lado da porta. Essa é uma mensagem convidativa para os amantes das tortas caseiras, ansiosos para pegar um fatia. As irmãs Melissa e Emily Elsen aprenderam sobre as grandes crostas de manteiga com sua avó, que desenvolveu as suas próprias, seguindo como uma confeiteira de tortas em Dacota do Norte. Como à moda antiga, vizinhos se sentam diante de cafés e massas. As irmãs Elsen fazem experimentos com recheios sazonais, equilibrando a doçura com elementos temperados, como na pera ao *bourbon* ou no creme de ovos com mel salgado no outono e balsâmico de morango ou damasco com gengibre selvagem no verão.

VIDA DOCE
N° 569
AMO NY

439 Third AV
Brooklyn, NY 11215

↑ Four & Twenty Blackbirds

VIDA DOCE
N° 571
AMO NY

116 West Houston ST
NY, NY 10012

→ FPB Bakery

Vida Doce
N° 573
Amo NY

FPB BAKERY

Antes de lançar esse café e confeitaria, François Payard fez massas para restaurantes franceses, do La Tour d'Argent, em Paris, ao Daniel, em Nova York. Hoje você pode observar como ele faz os *macarons* em sua fábrica de doces com estrutura de vidro. Tentando vencer o *cupcake*, pelo menos no Soho, ele cria sabores selvagens para seus *macarons*, como o *cookies 'n cream* ou o de abóbora sazonal. Payard também se envolve com massas bastante tradicionais, como um *gâteau* basco com bolo perfumado de amêndoa e um robusto creme de massa de baunilha.

116 West Houston ST
NY, NY 10012

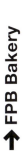
↑ FPB Bakery

VIDA DOCE
N° 575
AMO NY

82 Berry ST
Brooklyn, NY 10003

→ Hotel Delmano

HOTEL DELMANO

A tentação aparece em várias formas. Nesse bar, ninguém parece perceber que a cidade é um local onde você constantemente precisa estar apressado. Um ventilador de teto vira lentamente, os clientes reclinam-se em mesas de café e se servem ostras de pedestais com gelo; o *bartender* faz seu drinque com calma. Um design romântico garante a morosidade, assim como coquetéis como o Devil's Garden: tequila reposado, agave doce, Cynar e hortelã com o calor gradual do *mescal* infuso em *chipotle*.

VIDA DOCE
N° 577
AMO NY

82 Berry ST
Brooklyn, NY 10003

Hotel Delmano

N / PREPARAZIONE

KITCHEN, A TRAINED AND ATTENTIVE STAFF TRANSFORMS
ED RAW INGREDIENTS. WE JUICE AND ZEST LEMONS,
PEACHES, PIT CHERRIES, PLUMS AND MANGOES,
EARS AND PINEAPPLES. INFUSION IS ANOTHER
S. TO EXTRACT FLAVOR, WE STEEP COFFEES AND TEAS
INTO OUR BASE, AND THEN STRAIN. ADDITIONALLY,
PISTACHIOS AND ALMONDS, PICK AND STEM HERBS
AND LAVENDER, AND, OF COURSE, WE SEED VANILLA
UR OWN EXTRACTS. AND SO MUCH MORE.

VIDA DOCE
N° 579
AMO NY

188 Ludlow ST
NY, NY 10002

← Il Laboratorio del Gelato

IL LABORATORIO DEL GELATO

Há múltiplas expressões, de diferentes frutas e chocolates, nessa loja de *gelati* e *sorbetti*, que fala à pureza de cada sabor. Cinco tipos de *gelato* de figo refletem variedades frescas e secas, e os *sorbets* como o de toranja (com ou sem Campari) são muito fiéis no sabor, a ponto de não haver necessidade de açúcar. O laboratório futurístico do fundador Jon F. Snyder espalha-se por cerca de 278 m², e você pode assistir à produção fresquinha de alguns dos 200 sabores através de uma repartição de vidro. No balcão à frente, cerca de 50 seleções, de mel de acácia a *yuzu*, mudam diariamente, de modo que pode levar um certo tempo para que você decida com qual vai preencher o copinho.

VIDA DOCE
N° 581
AMO NY

188 Ludlow ST
NY, NY 10002

→ Il Laboratorio del Gelato

"Bakers Of The World's Finest Carrot Cake."

www.lloydscarrotcake.com

"Made From Scratch."

Lloyd's
CARROT CAKE (KD)

VIDA DOCE
N° 583
AMO NY

6087 Broadway
Bronx, NY 10471

→ Lloyd's Carrot Cake

LLOYD'S CARROT CAKE

O bolo fica tão úmido que as fatias pré-cortadas guardam um miolo impecavelmente macio. Sua decisão mais importante é pedir com ou sem uvas-passas ou nozes; fora isso, ambas as versões do bolo de cenoura recebem o mesmo glacê de *cream-cheese* espesso e temperado. Bolos Red Velvet granada, de chocolate e de coco bem esponjoso completam as ofertas de delícias em camadas consagradas pelo tempo.

VIDA DOCE
N° 585
AMO NY

6087 Broadway
Bronx, NY 10471

→ Lloyd's Carrot Cake

MAST
BROTHERS
CHOCOLATE
BROOKLYN

VIDA DOCE
N° 587
AMO NY

111 North 3rd ST
Brooklyn, NY 11249

↑ Mast Brothers Chocolate

VIDA DOCE — N° 589 — AMO NY

111 North 3rd ST
Brooklyn, NY 11249

MAST BROTHERS CHOCOLATE

Os irmãos Rick e Michael Mast lançaram uma operação completa de chocolates no Brooklyn, produzindo barras com ingredientes tão simples quanto cacau e cana-de-açúcar. Destacando os diversos sabores orgânicos e grãos direto do produto, os Masts usam adições mínimas, como pontas crocantes de cacau, amêndoas com sal ou pimenta serrano; muitas outras seleções são de origem única. Sua força artesanal se estende às embalagens, que lembram a qualidade do papel florentino, mas apresentam padrões personalizados, como âncoras, frutos do cacau e bicicletas Penny Farthing. Desde que a fábrica foi expandida em 278 m² e ganhou uma cozinha de testes, as massas de confeitaria são outra razão para fazer uma visita à sala de degustação do Brooklyn.

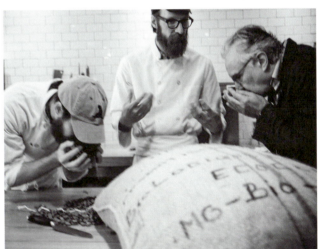

→ Mast Brothers Chocolate

VIDA DOCE
N° 591
AMO NY

68 Dean ST
Brooklyn, NY 11201

→ One Girl Cookies

VIDA DOCE
N° 593
AMO NY

68 Dean ST
Brooklyn, NY 11201

ONE GIRL COOKIES

A abordagem estilosa aos biscoitos para chás vem da proprietária Dawn Casale, que deixou uma carreira na loja de departamentos Barneys para assar. Cada pedaço de sua coleção justifica toda a atenção. O Penélope, baseado em uma receita de sua tia para biscoitos tortinha, é coberto com nozes e amêndoas tostadas e picadas. Tortas Whoopie — bolinhos de chocolate ou abóbora recheados com glacê de *cream-cheese* — são muito tentadoras para ficar olhando por muito tempo.

One Girl Cookies

VIDA DOCE
N° 595
AMO NY

533 West 47th ST
NY, NY 10036

→ Sullivan Street Bakery

SULLIVAN STREET BAKERY

Por mais chocante que possa parecer, o mestre dos pães de Nova York não vem da França. Jim Lahey construiu sua reputação recriando o pão italiano camponês que provou enquanto viajava pela Toscana. Os principais pães de Lahey apresentam crostas resistentes bem feitas, que protegem a camada exterior e propiciam um interior fermentado. Pizzas ultrafinas de estilo romano favorecem coberturas mínimas, como um glacê de tomate ou batatas em lascas, que ficam crocantes e enroladas ao calor do forno. Os sanduíches também permanecem nessa mesma linha, geralmente com três ingredientes principais, como mortadela, queijo fontal e salada de azeitonas.

VIDA DOCE
N° 597
AMO NY

533 West 47th ST
NY, NY 10036

Biscotti Pratessi
with almond
$8.00
SULLIVAN ST BAKERY

→ Sullivan Street Bakery

VIDA DOCE

N° 599

AMO NY

81 Bergen ST
Brooklyn, NY 11201

→ Van Leeuwen Artisan Ice Cream

VIDA DOCE
N° 601
AMO NY

81 Bergen ST
Brooklyn, NY 11201

VAN LEEUWEN ARTISAN ICE CREAM

Começando apenas com um Furgão Chevy 1988 amarelo-manteiga e planos de servir sorvete de um caminhão, os irmãos Ben e Peter Van Leeuwen, junto com a mulher de Ben, Laura Oneal, seguiram em frente para lançar uma frota de concorrentes do Mr. Softee e várias lojas. Os jovens empreendedores também projetaram esse local. Um amigo criou o papel de parede com base em desenhos botânicos de diferentes ingredientes, como as orquídeas da baunilha taitiana, groselha do vale do Hudson e pistaches sicilianos. A cremosidade de cada sabor vem dos 18% de manteiga, formados com gemas de ovo e leite do Battenkill Valley, no norte do estado.

→ Van Leeuwen Artisan Ice Cream

ÍNDICE ALFABÉTICO

LIVRO	ENCARTE			
21	4	'21' Club	RESTAURANTE	Midtown West

A

173	16	ABC Kitchen	RESTAURANTE	Flatiron District
177	16	Abraço Espresso	CAFETERIA	East Village
180	16	Ace Hotel	HOTEL	Flatiron District
180	16	Ace Hotel: Breslin (The)	RESTAURANTE	Flatiron District
180	16	Ace Hotel: John Dory Oyster Bar (The)	RESTAURANTE	Flatiron District
191	17	Aldea	RESTAURANTE	Flatiron District
26	4	Annisa	RESTAURANTE	West Village
193	17	Ardesia	RESTAURANTE	Hell's kitchen
354	32	Arepas Café	RESTAURANTE	Astoria
528	46	Artopolis	PADARIA	Astoria

B

28	4	Bagel Hole	PADARIA	Park Slope
358	32	Balthazar	RESTAURANTE, PADARIA	Soho
362	32	Bánh Mì Saigon	RESTAURANTE	Little Italy
196	17	Bedford Cheese Shop	QUEIJARIA	Williamsburg
368	33	Benoit	RESTAURANTE	Midtown West
533	46	Billy's Bakery	PADARIA	Chelsea
537	46	Birdbath	PADARIA	Soho
201	18	Blue Hill at Stone Barns	RESTAURANTE	Pocantico Hills
33	5	Blue Ribbon Brasserie	RESTAURANTE	Soho
204	18	Booker and Dax	BAR	East Village
36	5	Bouley	RESTAURANTE	Tribeca
209	18	Broadway Panhandler	LOJA DE UTENSÍLIOS DE COZINHA	Greenwich Village
212	18	Brooklyn Brewery	PERVEJARIA	Williamsburg
540	47	Brooklyn Farmacy & Soda Fountain	SORVETERIA	Carroll Gardens
217	19	Brooklyn Flea/Smorgasburg	FEIRAS	Williamsburg
40	5	Burger Joint	RESTAURANTE	Midtown West

C

372	33	Café Gitane	RESTAURANTE	West Village
374	33	Café Glechik	RESTAURANTE	Brighton Beach
545	47	Café Sabarsky	RESTAURANTE	Upper West Side
378	33	Casa Della Mozzarella	QUEIJARIA	Bronx
42	5	Chef's Table at Brooklyn Fare	RESTAURANTE	Downtown Brooklyn
549	47	Chelsea Market: Amy's Bread	PADARIA	Chelsea
555	47	Chelsea Market: Buon Italia	LOJA GOURMET	Chelsea
382	34	Cho Dang Gol	RESTAURANTE	Midtown East
219	19	Ciano	RESTAURANTE	Flatiron District
45	6	Corton	RESTAURANTE	Tribeca
222	19	Craft	RESTAURANTE	Flatiron District
225	20	Crush Wine & Spirits	COMERCIANTE DE VINHOS	Midtown East

D

228	20	Daisy May's BBQ USA	RESTAURANTE	Hell's kitchen
50	6	Daniel	RESTAURANTE	Upper West Side

LIVRO	ENCARTE			
387	34	DBGB Kitchen & Bar	RESTAURANTE	East Village
54	6	Del Posto	RESTAURANTE	Chelsea
232	20	Dell' anima	RESTAURANTE	West Village
390	34	Despaña	LOJA GOURMET	Soho
557	48	Dessert Club Chikalicious	PADARIA	East Village
237	21	Diner	RESTAURANTE	Williamsburg
561	48	Doughnut Plant	PADARIA	Chelsea
241	21	Dovetail	RESTAURANTE	Upper West Side

E

LIVRO	ENCARTE			
395	35	Eataly	FEIRAS	Flatiron District
565	48	Economy Candy	DOCERIA	Lower East Side
398	35	Edi & the Wolf	RESTAURANTE	East Village
402	35	Essex Street Market, Saxelby Cheesemongers	QUEIJARIA	Lower East Side
410	36	Estiatorio Milos	RESTAURANTE	Midtown West

F

LIVRO	ENCARTE			
59	6	Fairway	SUPERMERCADO	Upper West Side
414	36	Fatty Crab	RESTAURANTE	West Village
245	21	Fette Sau	RESTAURANTE	Williamsburg
568	48	Four & Twenty Blackbirds	PADARIA	Gowanus
62	7	Four Seasons Restaurant (The)	RESTAURANTE	Midtown East
573	49	FPB BAKERY	PADARIA	Soho
248	22	Franny's	RESTAURANTE	Park Slope

G

LIVRO	ENCARTE			
418	36	Golden Mall	PRAÇA DE ALIMENTAÇÃO	Flushing
253	22	Good Fork (The)	RESTAURANTE	Red Hook
66	7	Gotham Bar and Grill	RESTAURANTE	Greenwich Village
71	7	Gramercy Tavern	RESTAURANTE	Flatiron District

H

LIVRO	ENCARTE			
576	49	Hotel Delmano	BAR	Williamsburg

I

LIVRO	ENCARTE			
580	49	Il Laboratorio del Gelato	SORVETERIA	Lower East Side
423	36	'ino	RESTAURANTE	West Village

J

LIVRO	ENCARTE			
75	7	J.G. Melon	BAR	Upper West Side
79	8	Jean Georges	RESTAURANTE	Upper West Side
257	22	Joseph Leonard	RESTAURANTE	West Village

K

LIVRO	ENCARTE			
426	37	Kabab Café	RESTAURANTE	Astoria
431	37	Kajitsu	RESTAURANTE	East Village
435	37	Kalustyan's	LOJA GOURMET	Murray Hill
82	8	Katz's Delicatessen	RESTAURANTE	Lower East Side
86	8	Keens	RESTAURANTE	Midtown West
436	38	Kesté Pizza & Vino	RESTAURANTE	Greenwich Village

N° 605

ÍNDICE ALFABÉTICO

ÍNDICE ALFABÉTICO

LIVRO	ENCARTE			
441	38	Kin Shop	RESTAURANTE	West Village
89	8	King Cole Bar	BAR	Midtown East
259	23	Kitchen Arts & Letters	LIVRARIA	Upper West Side

L

445	38	La Esquina	RESTAURANTE	Soho
91	9	La Grenouille	RESTAURANTE	Midtown East
448	38	La Mangeoire	RESTAURANTE	Midtown East
452	39	Lakruwana	RESTAURANTE	Staten Island
457	39	Lali Guras	RESTAURANTE	Jackson Heights
95	9	Le Bernardin	RESTAURANTE	Midtown West
99	9	Le Cirque	RESTAURANTE	Midtown East
262	23	Little Owl (The)	RESTAURANTE	West Village
584	50	Lloyd's Carrot Cake	PADARIA	Bronx
103	9	Locanda Verde	RESTAURANTE	Tribeca
266	23	Luke's Lobster	RESTAURANTE	East Village

M

460	39	Malecon	RESTAURANTE	Upper West Side
107	10	Marea	RESTAURANTE	Upper West Side
589	50	Mast Brothers chocolate	CHOCOLATARIA	Williamsburg
464	39	Mayahuel	BAR	East Village
271	23	Mile End	RESTAURANTE	Boerum Hill
110	10	Minetta Tavern	RESTAURANTE	Greenwich Village
275	24	Momofuku Ssäm Bar	RESTAURANTE	East Village
114	10	Monkey Bar	RESTAURANTE	Midtown East
469	40	Morimoto	RESTAURANTE	Chelsea
278	24	Motorino	RESTAURANTE	East Village

N

472	40	N.Y. Dosas	CARRINHO DE COMIDA	Greenwich Village
118	11	Nobu	RESTAURANTE	Tribeca

O

282	24	O. Ottomanelli & sons	AÇOUGUE	West Village
593	51	One Girl Cookies	PADARIA	Cobble Hill

P

286	25	Peasant	RESTAURANTE	Nolita
291	25	Peels	RESTAURANTE	East Village
123	11	Peter Luger	RESTAURANTE	Williamsburg
295	25	Pies 'N' Thighs	RESTAURANTE	Williamsburg
126	11	Plaza Food Hall by Todd English (The)	PRAÇA DE ALIMENTAÇÃO	Midtown East
477	40	Pommes Frites	RESTAURANTE	East Village
298	26	Porchetta	RESTAURANTE	East Village
303	26	Prime Meats	RESTAURANTE	Carroll Gardens
305	26	Prune	RESTAURANTE	East Village

LIVRO	ENCARTE			

R

130	11	Red Cat (The)	RESTAURANTE	Chelsea
309	26	Red Farm	RESTAURANTE	West Village
135	12	Red Rooster	RESTAURANTE	Harlem
312	27	Roberta's	RESTAURANTE	Bushwick
316	27	Russ & Daughters	LOJA GOURMET	Lower East Side

S

481	41	Sahadi's	LOJA GOURMET	Cobble Hill
485	41	Sakagura	BAR	Midtown East
321	27	Saltie	RESTAURANTE	Williamsburg
489	41	Sandro's	RESTAURANTE	Upper West Side
493	41	Seva Indian Cuisine	RESTAURANTE	Astoria
325	28	Shake Shack	RESTAURANTE	Flatiron District
329	28	Smile (The)	RESTAURANTE	Noho
332	28	Spotted Pig (The)	RESTAURANTE	West Village
495	42	SriPraPhai	RESTAURANTE	Woodside
141	12	Standard (The)	HOTEL, RESTAURANTE	Meatpacking District
596	51	Sullivan Street Bakery	PADARIA	Hell's Kitchen
499	42	Sushi of Gari	RESTAURANTE	Midtown West

T

503	42	Taïm	RESTAURANTE	West Village
337	29	Telepan	RESTAURANTE	Upper West Side
341	29	Terroir	BAR	Tribeca
507	42	Tertulia	RESTAURANTE	West Village
145	12	Time Warner Center: A Voce	RESTAURANTE	Upper West Side
147	12	Time Warner Center: Bouchon Bakery	PADARIA	Upper West Side
151	12	Time Warner Center: Masa	RESTAURANTE	Upper West Side
156	13	Time Warner Center: Per Se	RESTAURANTE	Upper West Side
158	13	Time Warner Center: Porter House New York	RESTAURANTE	Upper West Side
344	29	Torrisi Italian Specialties	RESTAURANTE	Nolita
511	43	Tortilleria Nixtamal	RESTAURANTE	Corona
162	13	Totonno's Pizzeria Napolitano	RESTAURANTE	Coney Island
515	43	Totto Ramen	RESTAURANTE	Hell's Kitchen

U

349	29	Union Square Greenmarket	FEIRAS	Union Square

V

601	51	Van Leeuwen Artisan Ice Cream	SORVETERIA	Boerum Hill
519	43	Veselka	RESTAURANTE	East Village

W

167	13	Wd~50	RESTAURANTE	Lower East Side

Z

522	43	Zibetto Espresso Bar	CAFETERIA	Midtown West

N° 607

ÍNDICE ALFABÉTICO

ÍNDICE POR ÁREA

LIVRO	ENCARTE		

ASTORIA

Astoria
| 426 | 37 | Kabab Café | RESTAURANTE |
| 493 | 41 | Seva Indian Cuisine | RESTAURANTE |

BRONX

Bronx
| 378 | 33 | Casa Della Mozzarella | QUEIJARIA |
| 584 | 50 | Lloyd's Carrot Cake | PADARIA |

BROOKLYN

Boerum Hill
| 271 | 23 | Mile End | RESTAURANTE |
| 601 | 51 | Van Leeuwen Artisan Ice Cream | SORVETERIA |

Brighton Beach
| 374 | 33 | Café Glechik | RESTAURANTE |

Bushwick
| 312 | 27 | Roberta's | RESTAURANTE |

Carroll Gardens
| 540 | 47 | Brooklyn Farmacy & Soda Fountain | SORVETERIA |
| 303 | 26 | Prime Meats | RESTAURANTE |

Cobble Hill
| 593 | 51 | One Girl Cookies | PADARIA |
| 481 | 41 | Sahadi's | LOJA GOURMET |

Coney Island
| 162 | 13 | Totonno's Pizzeria Napolitano | RESTAURANTE |

Downtown Brooklyn
| 42 | 5 | Chef's Table at Brooklyn Fare | RESTAURANTE |

Gowanus
| 568 | 48 | Four & Twenty Blackbirds | PADARIA |

Midtown East
| 62 | 7 | Four Seasons Restaurant (The) | RESTAURANTE |

Park Slope
| 28 | 4 | Bagel Hole | PADARIA |
| 248 | 22 | Franny's | RESTAURANTE |

Red Hook
| 253 | 22 | Good Fork (The) | RESTAURANTE |

Williamsburg
196	17	Bedford Cheese Shop	QUEIJARIA
212	18	Brooklyn Brewery	CERVEJARIA
217	19	Brooklyn Flea/Smorgasburg	FEIRAS
237	21	Diner	RESTAURANTE
245	21	Fette Sau	RESTAURANTE
576	49	Hotel Delmano	BAR
589	50	Mast Brothers chocolate	CHOCOLATARIA
123	11	Peter Luger	RESTAURANTE
295	25	Pies 'N' Thighs	RESTAURANTE
321	27	Saltie	RESTAURANTE

LIVRO ENCARTE

CORONA

Corona
| 511 | 43 | Tortilleria Nixtamal | RESTAURANTE |

JACKSON HEIGHTS

Jackson Heights
| 457 | 39 | Lali Guras | RESTAURANTE |

NEW YORK

N° 609

ÍNDICE POR ÁREA

Chelsea
533	46	Billy's Bakery	PADARIA
549	47	Chelsea Market: Amy's Bread	PADARIA
555	47	Chelsea Market: Buon Italia	LOJA GOURMET
54	6	Del Posto	RESTAURANTE
561	48	Doughnut Plant	PADARIA
469	40	Morimoto	RESTAURANTE
130	11	Red Cat (The)	RESTAURANTE

East Village
177	16	Abraço Espresso	CAFETERIA
204	18	Booker and Dax	BAR
387	34	DBGB Kitchen & Bar	RESTAURANTE
557	48	Dessert Club Chikalicious	PADARIA
398	35	Edi & the Wolf	RESTAURANTE
431	37	Kajitsu	RESTAURANTE
266	23	Luke's Lobster	RESTAURANTE
464	39	Mayahuel	BAR
275	24	Momofuku Ssäm Bar	RESTAURANTE
278	24	Motorino	RESTAURANTE
291	25	Peels	RESTAURANTE
477	40	Pommes Frites	RESTAURANTE
298	26	Porchetta	RESTAURANTE
305	26	Prune	RESTAURANTE
519	43	Veselka	RESTAURANTE

Flatiron District
173	16	ABC Kitchen	RESTAURANTE
180	16	Ace Hotel	HOTEL
180	16	Ace Hotel: Breslin (The)	RESTAURANTE
180	16	Ace Hotel: John Dory Oyster Bar (The)	RESTAURANTE
191	17	Aldea	RESTAURANTE
219	19	Ciano	RESTAURANTE
222	19	Craft	RESTAURANTE
395	35	Eataly	FEIRAS
71	7	Gramercy Tavern	RESTAURANTE
325	28	Shake Shack	RESTAURANTE

Greenwich Village
209	18	Broadway Panhandler	LOJA DE UTENSÍLIOS DE COZINHA
66	7	Gotham Bar and Grill	RESTAURANTE
436	38	Kesté Pizza & Vino	RESTAURANTE
110	10	Minetta Tavern	RESTAURANTE
472	40	N.Y. Dosas	CARRINHO DE COMIDA

Harlem
| 135 | 12 | Red Rooster | RESTAURANTE |

Hell's Kitchen
| 193 | 17 | Ardesia | RESTAURANTE |
| 228 | 20 | Daisy May's BBQ USA | RESTAURANTE |

ÍNDICE POR ÁREA

LIVRO	ENCARTE		
596	51	Sullivan Street Bakery	PADARIA
515	43	Totto Ramen	RESTAURANTE

Little Italy

362	32	Bánh Mì Saigon	RESTAURANTE

Lower East Side

565	48	Economy Candy	DOCERIA
402	35	Essex Street Market, Saxelby Cheesemongers	QUEIJARIA
580	49	Il Laboratorio del Gelato	SORVETERIA
82	8	Katz's Delicatessen	RESTAURANTE
316	27	Russ & Daughters	LOJA GOURMET
167	13	Wd~50	RESTAURANTE

Meatpacking District

141	12	Standard (The)	HOTEL, RESTAURANTE

Midtown East

382	34	Cho Dang Gol	RESTAURANTE
225	20	Crush Wine & Spirits	COMERCIANTE DE VINHOS
89	8	King Cole Bar	BAR
91	9	La Grenouille	RESTAURANTE
448	38	La Mangeoire	RESTAURANTE
99	9	Le Cirque	RESTAURANTE
114	10	Monkey Bar	RESTAURANTE
126	11	Plaza Food Hall by Todd English (The)	PRAÇA DE ALIMENTAÇÃO
485	41	Sakagura	BAR

Midtown West

21	4	'21' Club	RESTAURANTE
368	33	Benoit	RESTAURANTE
40	5	Burger Joint	RESTAURANTE
410	36	Estiatorio Milos	RESTAURANTE
86	8	Keens	RESTAURANTE
95	9	Le Bernardin	RESTAURANTE
499	42	Sushi of Gari	RESTAURANTE
522	43	Zibetto Espresso Bar	CAFETERIA

Murray Hill

435	37	Kalustyan's	LOJA GOURMET

Noho

329	28	Smile (The)	RESTAURANTE

Nolita

286	25	Peasant	RESTAURANTE
344	29	Torrisi Italian Specialties	RESTAURANTE

Soho

358	32	Balthazar	RESTAURANTE, PADARIA
537	46	Birdbath	PADARIA
33	5	Blue Ribbon Brasserie	RESTAURANTE
390	34	Despaña	LOJA GOURMET
573	49	FPB BAKERY	PADARIA
445	38	La Esquina	RESTAURANTE

Tribeca

36	5	Bouley	RESTAURANTE
45	6	Corton	RESTAURANTE
103	9	Locanda Verde	RESTAURANTE
118	11	Nobu	RESTAURANTE
341	29	Terroir	BAR

| | LIVRO | ENCARTE |

Union Square

LIVRO	ENCARTE		
349	29	Union Square Greenmarket	FEIRAS

Upper West Side

545	47	Café Sabarsky	RESTAURANTE
50	6	Daniel	RESTAURANTE
241	21	Dovetail	RESTAURANTE
59	6	Fairway	SUPERMERCADO
75	7	J.G. Melon	BAR
79	8	Jean Georges	RESTAURANTE
259	23	Kitchen Arts & Letters	LIVRARIA
460	39	Malecon	RESTAURANTE
107	10	Marea	RESTAURANTE
489	41	Sandro's	RESTAURANTE
337	29	Telepan	RESTAURANTE
145	12	Time Warner Center: A Voce	RESTAURANTE
147	12	Time Warner Center: Bouchon Bakery	PADARIA
151	12	Time Warner Center: Masa	RESTAURANTE
156	13	Time Warner Center: Per Se	RESTAURANTE
158	13	Time Warner Center: Porter House New York	RESTAURANTE

West Village

26	4	Annisa	RESTAURANTE
372	33	Café Gitane	RESTAURANTE
232	20	Dell' anima	RESTAURANTE
414	36	Fatty Crab	RESTAURANTE
423	36	'ino	RESTAURANTE
257	22	Joseph Leonard	RESTAURANTE
441	38	Kin Shop	RESTAURANTE
262	23	Little Owl (The)	RESTAURANTE
282	24	O. Ottomanelli & sons	AÇOUGUE
309	26	Red Farm	RESTAURANTE
332	28	Spotted Pig (The)	RESTAURANTE
503	42	Taïm	RESTAURANTE
507	42	Tertulia	RESTAURANTE

QUEENS

Astoria

| 354 | 32 | Arepas Café | RESTAURANTE |
| 528 | 46 | Artopolis | PADARIA |

Flushing

| 418 | 36 | Golden Mall | PRAÇA DE ALIMENTAÇÃO |

STATEN ISLAND

Staten Island

| 452 | 39 | Lakruwana | RESTAURANTE |

TARRYTOWN

Pocantico Hills

| 201 | 18 | Blue Hill at Stone Barns | RESTAURANTE |

WOODSIDE

Woodside

| 495 | 42 | SriPraPhai | RESTAURANTE |

Nº 611

ÍNDICE POR ÁREA

ÍNDICE POR TIPO DE COMÉRCIO

	LIVRO	ENCARTE		

AÇOUGUE

| 282 | 24 | O. Ottomanelli & sons | WEST VILLAGE |

BAR

204	18	Booker and Dax	EAST VILLAGE
576	49	Hotel Delmano	WILLIAMSBURG
75	7	J.G. Melon	UPPER WEST SIDE
89	8	King Cole Bar	MIDTOWN EAST
464	39	Mayahuel	EAST VILLAGE
485	41	Sakagura	MIDTOWN EAST
341	29	Terroir	TRIBECA

CAFETERIA

| 177 | 16 | Abraço Espresso | EAST VILLAGE |
| 522 | 43 | Zibetto Espresso Bar | MIDTOWN WEST |

CARRINHO DE COMIDA

| 472 | 40 | N.Y. Dosas | GREENWICH VILLAGE |

CERVEJARIA

| 212 | 18 | Brooklyn Brewery | WILLIAMSBURG |

CHOCOLATARIA

| 589 | 50 | Mast Brothers chocolate | WILLIAMSBURG |

COMERCIANTE DE VINHOS

| 225 | 20 | Crush Wine & Spirits | MIDTOWN EAST |

FEIRAS

217	19	Brooklyn Flea/Smorgasburg	WILLIAMSBURG
395	35	Eataly	FLATIRON DISTRICT
349	29	Union Square Greenmarket	UNION SQUARE

DOCERIA

| 565 | 48 | Economy Candy | LOWER EAST SIDE |

HOTEL

| 180 | 16 | Ace Hotel | FLATIRON DISTRICT |

HOTEL, RESTAURANTE

| 141 | 12 | Standard (The) | MEATPACKING DISTRICT |

LIVRARIA

| 259 | 23 | Kitchen Arts & Letters | UPPER WEST SIDE |

LOJA DE UTENSÍLIOS DE COZINHA

| 209 | 18 | Broadway Panhandler | GREENWICH VILLAGE |

LOJA GOURMET

| 555 | 47 | Chelsea Market: Buon Italia | CHELSEA |
| 390 | 34 | Despaña | SOHO |

LIVRO / ENCARTE

QUEIJARIA

LIVRO	ENCARTE		
196	17	Bedford Cheese Shop	WILLIAMSBURG
378	33	Casa Della Mozzarella	BRONX
402	35	Essex Street Market, Saxelby Cheesemongers	LOWER EAST SIDE

PADARIA

528	46	Artopolis	ASTORIA
28	4	Bagel Hole	PARK SLOPE
533	46	Billy's Bakery	CHELSEA
537	46	Birdbath	SOHO
549	47	Chelsea Market: Amy's Bread	CHELSEA
557	48	Dessert Club Chikalicious	EAST VILLAGE
561	48	Doughnut Plant	CHELSEA
568	48	Four & Twenty Blackbirds	GOWANUS
573	49	FPB BAKERY	SOHO
584	50	Lloyd's Carrot Cake	BRONX
593	51	One Girl Cookies	COBBLE HILL
596	51	Sullivan Street Bakery	HELL'S KITCHEN
147	12	Time Warner Center: Bouchon Bakery	UPPER WEST SIDE

PERVEJARIA

212	18	Brooklyn Brewery	WILLIAMSBURG

PRAÇA DE ALIMENTAÇÃO

418	36	Golden Mall	FLUSHING
126	11	Plaza Food Hall by Todd English (The)	MIDTOWN EAST

RESTAURANTE

21	4	'21' Club	MIDTOWN WEST
173	16	ABC Kitchen	FLATIRON DISTRICT
180	16	Ace Hotel: Breslin (The)	FLATIRON DISTRICT
180	16	Ace Hotel: John Dory Oyster Bar (The)	FLATIRON DISTRICT
191	17	Aldea	FLATIRON DISTRICT
26	4	Annisa	WEST VILLAGE
193	17	Ardesia	HELL'S KITCHEN
354	32	Arepas Café	ASTORIA
362	32	Bánh Mì Saigon	LITTLE ITALY
368	33	Benoit	MIDTOWN WEST
201	18	Blue Hill at Stone Barns	POCANTICO HILLS
33	5	Blue Ribbon Brasserie	SOHO
36	5	Bouley	TRIBECA
40	5	Burger Joint	MIDTOWN WEST
372	33	Café Gitane	WEST VILLAGE
374	33	Café Glechik	BRIGHTON BEACH
545	47	Café Sabarsky	UPPER WEST SIDE
42	5	Chef's Table at Brooklyn Fare	DOWNTOWN BROOKLYN
382	34	Cho Dang Gol	MIDTOWN EAST
219	19	Ciano	FLATIRON DISTRICT
45	6	Corton	TRIBECA
222	19	Craft	FLATIRON DISTRICT

N° 613

ÍNDICE POR TIPO DE COMÉRCIO

ÍNDICE POR TIPO DE COMÉRCIO

LIVRO	ENCARTE		
222	19	Craft	FLATIRON DISTRICT
228	20	Daisy May's BBQ USA	HELL'S KITCHEN
50	6	Daniel	UPPER WEST SIDE
387	34	DBGB Kitchen & Bar	EAST VILLAGE
54	6	Del Posto	CHELSEA
232	20	Dell' anima	WEST VILLAGE
237	21	Diner	WILLIAMSBURG
241	21	Dovetail	UPPER WEST SIDE
398	35	Edi & the Wolf	EAST VILLAGE
410	36	Estiatorio Milos	MIDTOWN WEST
414	36	Fatty Crab	WEST VILLAGE
245	21	Fette Sau	WILLIAMSBURG
62	7	Four Seasons Restaurant (The)	MIDTOWN EAST
248	22	Franny's	PARK SLOPE
253	22	Good Fork (The)	RED HOOK
66	7	Gotham Bar and Grill	GREENWICH VILLAGE
71	7	Gramercy Tavern	FLATIRON DISTRICT
423	36	'ino	WEST VILLAGE
79	8	Jean Georges	UPPER WEST SIDE
257	22	Joseph Leonard	WEST VILLAGE
426	37	Kabab Café	ASTORIA
431	37	Kajitsu	EAST VILLAGE
82	8	Katz's Delicatessen	LOWER EAST SIDE
86	8	Keens	MIDTOWN WEST
436	38	Kesté Pizza & Vino	GREENWICH VILLAGE
441	38	Kin Shop	WEST VILLAGE
445	38	La Esquina	SOHO
91	9	La Grenouille	MIDTOWN EAST
452	39	Lakruwana	STATEN ISLAND
457	39	Lali Guras	JACKSON HEIGHTS
448	38	La Mangeoire	MIDTOWN EAST
95	9	Le Bernardin	MIDTOWN WEST
99	9	Le Cirque	MIDTOWN EAST
262	23	Little Owl (The)	WEST VILLAGE
103	9	Locanda Verde	TRIBECA
266	23	Luke's Lobster	EAST VILLAGE
460	39	Malecon	UPPER WEST SIDE
107	10	Marea	UPPER WEST SIDE
271	23	Mile End	BOERUM HILL
110	10	Minetta Tavern	GREENWICH VILLAGE
114	10	Monkey Bar	MIDTOWN EAST
275	24	Momofuku Ssäm Bar	EAST VILLAGE
469	40	Morimoto	CHELSEA
278	24	Motorino	EAST VILLAGE
118	11	Nobu	TRIBECA
286	25	Peasant	NOLITA
291	25	Peels	EAST VILLAGE
123	11	Peter Luger	WILLIAMSBURG
295	25	Pies 'N' Thighs	WILLIAMSBURG
477	40	Pommes Frites	EAST VILLAGE

LIVRO	ENCARTE		
298	26	Porchetta	EAST VILLAGE
303	26	Prime Meats	CARROLL GARDENS
305	26	Prune	EAST VILLAGE
130	11	Red Cat (The)	CHELSEA
309	26	Red Farm	WEST VILLAGE
135	12	Red Rooster	HARLEM
312	27	Roberta's	BUSHWICK
321	27	Saltie	WILLIAMSBURG
489	41	Sandro's	UPPER WEST SIDE
493	41	Seva Indian Cuisine	ASTORIA
325	28	Shake Shack	FLATIRON DISTRICT
329	28	Smile (The)	NOHO
332	28	Spotted Pig (The)	WEST VILLAGE
495	42	SriPraPhai	WOODSIDE
499	42	Sushi of Gari	MIDTOWN WEST
503	42	Taïm	WEST VILLAGE
337	29	Telepan	UPPER WEST SIDE
507	42	Tertulia	WEST VILLAGE
145	12	Time Warner Center: A Voce	UPPER WEST SIDE
151	12	Time Warner Center: Masa	UPPER WEST SIDE
156	13	Time Warner Center: Per Se	UPPER WEST SIDE
158	13	Time Warner Center: Porter House New York	UPPER WEST SIDE
344	29	Torrisi Italian Specialties	NOLITA
511	43	Tortilleria Nixtamal	CORONA
162	13	Totonno's Pizzeria Napolitano	CONEY ISLAND
515	43	Totto Ramen	HELL'S KITCHEN
519	43	Veselka	EAST VILLAGE
167	13	Wd~50	LOWER EAST SIDE

RESTAURANTE, PADARIA

358	32	Balthazar	SOHO

SORVETERIA

540	47	Brooklyn Farmacy & Soda Fountain	CARROLL GARDENS
580	49	Il Laboratorio del Gelato	LOWER EAST SIDE
601	51	Van Leeuwen Artisan Ice Cream	BOERUM HILL

SUPERMERCADO

59	6	Fairway	UPPER WEST SIDE

AGRADECIMENTOS

Amo Nova York.
Em Nova York sinto-me bem, em paz comigo e com os outros. A ponto de se ter tornado um dos meus portos seguros, juntamente com Mônaco e Paris.
É uma cidade particularmente exigente, mas também muitíssimo inspiradora, dinâmica, cosmopolita, em constante mutação. Aliás, este livro é um instantâneo e, quem sabe, como ela será daqui a um ou dois anos, daqui a cinco anos?
Apesar das mudanças, Nova York será sempre assim: exuberante de energia e criatividade.

Eu gostaria de agradecer, antes de tudo, a todos os que aceitaram figurar nesta obra, quer os proprietários, o pessoal da cozinha ou técnicos. Receberam-me com generosidade para partilharem comigo as suas experiências, emoções, os seus produtos, a sua cozinha.

Agradeço também a Alex Vallis, claro, que me ajudou a descobrir todos estes lugares por ser meu elo linguístico em Nova York.

Agradeço às equipes de criação e edição, que participaram desta aventura.

- A Pierre Monetta, fotógrafo, que captou a cidade e soube dar vida e proximidade aos seus locais e ao seu povo.
- A Pierre Tachon, diretor artístico, que fez deste livro aquilo que eu pretendia, uma vez mais.
- A Katie Mace, responsável pela coordenação, graças a quem tudo decorreu com calma e serenidade.
- A Emmanuel Jirou-Najou, diretor da publicação.
- A Alice Gouget, responsável editorial.
- A Sonja Toulouse, a Laetitia Teil e a Bénédicte de Bary.

E, por fim, agradeço à minha família pelo seu incessável apoio.

Espero que tenham tanto prazer em percorrer este livro como eu tive durante a sua criação e que ele desperte a vontade de partir à descoberta da minha Nova York gourmand.

Alain Ducasse

ADMINISTRAÇÃO REGIONAL DO SENAC
NO ESTADO DE SÃO PAULO

Presidente do Conselho Regional
Abram Szajman

Diretor do Departamento Regional
Luiz Francisco de A. Salgado

Superintendente Universitário e de Desenvolvimento
Luiz Carlos Dourado

EDITORA SENAC SÃO PAULO
Conselho Editorial
Luiz Francisco de A. Salgado
Luiz Carlos Dourado
Darcio Sayad Maia
Lucila Mara Sbrana Sciotti
Jeane Passos Santana

Gerente/Publisher
Jeane Passos Santana (jpassos@sp.senac.br)

Coordenação Editorial
Márcia Cavalheiro Rodrigues de Almeida (mcavalhe@sp.senac.br)
Thaís Carvalho Lisboa (thais.clisboa@sp.senac.br)

Edição de Texto
Luiz Guasco

Revisão de Texto
Denise de Almeida, Juliana Muscovick, Luiza Elena Luchini

Administrativo
Luís Américo Tousi Botelho (luis.tbotelho@sp.senac.br)

Proibida a reprodução sem autorização expressa.
Todos os direitos reservados a
EDITORA SENAC SÃO PAULO
Rua Rui Barbosa, 377 – 1º andar – Bela Vista – CEP 01326-010
Caixa Postal 1120 – CEP 01032-970 – São Paulo – SP
Tel.(11) 2187-4450 – Fax (11) 2187-4686
E-mail: editora@sp.senac.br
Home page: http://www.editorasenacsp.com.br

© Edição brasileira: Editora Senac São Paulo, 2012.

Diretor da coleção
Emmanuel Jirou-Najou

Responsável editorial
Alice Gouget

Assistente editorial
Claire Dupuy

Redação dos textos
Alexandra Vallis

Tradução e adaptação
Paul R. Evensen e Estérelle Payany

Coordenadora
Katie Mace

Fotografias
Pierre Monetta

Direção artística
Pierre Tachon / Soins graphiques
Agradecimentos a Sophie Brice

Marketing e comunicação
Camille Gonnet

Fotogravura
Nord Compo

O editor agradece calorosamente a Sonja Toulouse, Bénédicte de Bary, Aurore Charoy e Vianney Drouin pelo tempo e pela energia investidos na realização deste livro.

Impresso em CE
Depósito legal 3º trimestre de 2012
ISBN: 978-2-84-123-399-1

©Alain Ducasse Édition 2012
84, avenue Victor Cresson
92 130 Issy-les-Moulineaux

www.alain-ducasse.com

Dados Internacionais de Catalogação na Publicação (CIP)
(Jeane Passos Santana - CRB 8ª/6189)

Ducasse, Alain
    Amo Nova York : 150 endereços para os amantes da gastronomia / Alain Ducasse e Alexandra Vallis; fotos Pierre Monetta; diretor artístico Pierre Tachon; tradução Cillero & de Motta -- São Paulo : Editora Senac São Paulo, 2012.

    Título original: J'aime New York.
    ISBN 978-85-396-0226-1

    1. Culinária internacional 2. Gastronomia – Nova York (Estados Unidos) – Guias I. Vallis, Alexandra. II. Monetta, Pierre. III. Tachon, Pierre IV. Título.

12-001s   CDD-641.01309747

Índice para catálogo sistemático:
1. Gastronomia : Nova York (Estados Unidos) : Guias   641.01309747